战争与和平转换概论

徐国平　李太宇·主编

OVERVIEW OF THE
TRANSFORMATION BETWEEN
WAR AND PEACE

时事出版社
北京

图书在版编目（CIP）数据

战争与和平转换概论 / 徐国平，李太宇主编.
北京：时事出版社，2024.9. -- ISBN 978-7-5195
-0617-9

Ⅰ．D068
中国国家版本馆 CIP 数据核字第 2024HA8025 号

出 版 发 行：时事出版社
地　　　址：北京市海淀区彰化路 138 号西荣阁 B 座 G2 层
邮　　　编：100097
发 行 热 线：(010) 88869831　88869832
传　　　真：(010) 88869875
电 子 邮 箱：shishichubanshe@sina.com
印　　　刷：北京良义印刷科技有限公司

开本：787×1092　1/16　印张：9.75　字数：113 千字
2024 年 9 月第 1 版　2024 年 9 月第 1 次印刷
定价：98.00 元

（如有印装质量问题，请与本社发行部联系调换）

编审人员

主　审：张树德

审　定：张树德　马德宝　舒　健

主　编：徐国平　李太宇

编　写：王宏德　李太宇　周　强　郭成立
　　　　徐　帅　徐国平　柴建中

校　对：徐国平　李太宇

目 录

导 论 ·· (1)

第一章 战争与和平转换基本概念 ································· (6)
  一、战争与和平 ··· (6)
  二、战争状态与和平状态 ·· (16)
  三、战争与和平转换 ··· (18)

第二章 战争与和平转换基本思想 ································· (23)
  一、中国关于战争与和平转换的基本思想 ······················· (23)
  二、外国关于战争与和平转换的基本思想 ······················· (27)
  三、国际组织关于战争与和平转换的主要观点 ················· (42)

第三章 战争与和平转换特点与规律 ····························· (52)
  一、当代战争与和平转换的主要特点 ······························ (52)
  二、当代战争与和平转换的规律 ····································· (58)

第四章 战争与和平转换基本条件 ································· (72)
  一、当代和平向战争转换的条件 ····································· (72)
  二、当代战争向和平转换的条件 ····································· (81)

第五章 战争向和平转换主要路径 (91)
　　一、以战止战实现和平转换 (91)
　　二、以和止战实现和平转换 (102)

第六章 努力实现战后持久和平 (110)
　　一、重塑内外安全环境 (110)
　　二、构建持久和平机制 (112)
　　三、抓好战后重建工作 (115)

附件　案例研究 (124)
　　一、安哥拉内战 (124)
　　二、马尔维纳斯群岛战争 (131)

参考文献 (145)

后　记 (148)

导　　论

在人类5000多年历史长河中，真正的和平时期仅有300余年，而爆发的战争却有14000多次。[①] 可以说，在剩下的4600多年中，平均每年战争与和平就会转换2—3次，使人类在长达94%的时间都生活在一个动荡不安的世界之中。这就出现一个值得人们思考的问题，即人类社会在频繁的战争与和平转换过程中，历史的主旋律看似明显是战争，那么千百年来人类追求的到底是战争还是和平？毫无疑问，和平是人类追求的永恒目标。

不可否认，战争对人类的发展有着深远的影响。在原始社会，是战争让大的部落将小的部落吞并并形成一个个整体，促进了民族的大融合，推动了社会文化的长足发展。但是人类不需要战争，战争给人类带来的不是幸福而是灾难，特别是两次世界大战，更是让人类付出了空前惨痛的代价。第一次世界大

[①] 唐志明：《均势和平论剖析》，《贵州民族学院学报（哲学社会科学版）》2006年第3期。

战中，有33个国家、大约15亿人卷入战争，死亡人数高达2132万，直接用于战争的费用达1863亿美元。第二次世界大战中，有60多个国家和地区（波及范围达84个国家和地区）、约20亿人卷入战争，死亡人数达7000多万，经济损失高达4万亿美元。[①] 随着科技的发展与进步，人们越来越认识到和平的珍贵，尤其是现在，人类更需要在和平的环境下发展。

千百年来，为了和平的美好夙愿，许多国家、社会团体和仁人志士付出了巨大代价，进行了不屈不挠的实践，提出了许多重要理论思想。中华民族是爱好和平的民族，自古就提出了"国虽大，好战必亡"的箴言，"以和为贵""和而不同""化干戈为玉帛""国泰民安""睦邻友邦""天下太平""天下大同"等理念世代相传。和平、和睦、和谐的追求深深植于中华民族的精神世界之中，深深融于中国人民的血脉之中。今天，我们坚持走和平发展道路，致力于推动构建人类命运共同体，始终坚定不移地做世界和平的建设者、全球发展的贡献者、国际秩序的维护者，这是对几千年来中华民族热爱和平的文化传统的继承和发扬。

在2013年博鳌亚洲论坛年会上，习近平主席在主旨演讲中用"空气和阳光"喻和平之可贵。在倡导合作共赢、和平共处的历史新时期，世界早已经是你中有我，我中有你，一荣俱荣，一损俱损。习近平主席指出："世界好，中国才会好；中

[①] 中国军事百科全书编审委员会编：《中国军事百科全书·战略》，中国大百科全书出版社2014年版，第365页。

国好，世界会更好。"① 国际政治经济新秩序正逐步建立并日趋完善，和平与发展已成为全世界人民共同追求的目标。世界各国、各民族都在认识世界格局的变化，把握时代的脉搏，确定前进的方向，顺应时代的潮流，在和平与发展主题理论的指导下去提升本国的物质文明与精神文明。保持世界和平的重要基础是共同发展，世界各国应把发展作为第一要务。发展的前提条件是和平环境，因为有了和平的环境，世界各国才能实现自主发展与共同发展。只有各国都发展起来，消除了愚昧和贫穷，人类才能实现更持久的和平。

我们需要和平，世界需要和平！当今世界，虽然和平与发展依然是时代主题，但影响安全与稳定的不确定因素明显增多。霸权主义和强权政治依然盛行，西方国家动辄使用军事手段谋取战略利益的行为依然存在。因领土主权争端、民族宗教冲突等引发的局部战争和武装冲突时有发生，一些地区的军事对抗呈现紧张态势。全球性经济危机、大规模疫情传播导致的生命安全危机持续堪忧；恐怖势力、极端势力和民族分裂势力"三股"势力在世界不少地区蠢蠢欲动；国际和地区霸权主义、强权政治、新干涉主义引发的战争和冲突接连不断。这些都给和平带来了严重威胁，也严重影响全球的经济社会发展和人民正常生活秩序。如何认清特点、抓住要害，切断和平向战争转换之路，是确保国家长治久安的正确选择。深入研究当代战争与和平转换问题，是化解战争威胁、维持长期和平稳定的基础和前提。

---

① 《习近平出席第三届"一带一路"国际合作高峰论坛开幕式并发表主旨演讲》，中国外交部网站，2023 年 10 月 18 日，https：//www.mfa.gov.cn/wjdt_674879/gjldrhd_674881/202310/t20231018_11163171.shtml。

列宁曾指出:"首先考虑到各个'时代'的不同的基本特征(而不是个别国家的个别历史事件),我们才能够正确地制定自己的策略。"[①] 随着战后世界范围殖民体系的解体,世界主要矛盾发生了根本性变化,东西矛盾相对缓和,南北矛盾上升为主要矛盾。据统计,20世纪80年代末,发达国家的人均GDP比发展中国家高出23—46倍,人口不足世界1/6的发达国家却拥有全球经济总量的81.5%,而人口超过世界5/6的发展中国家只拥有全球经济总量的18.5%。[②] 同时,发达国家之间、发展中国家之间也存在着不同程度的差距。于是,要和平发展不要战争,成为世界各国的共同追求。冷战结束后,世界加速向多极化方向发展,经济全球化迅猛发展,各国利益交织、相互依存的程度不断加深,和平、发展、合作成为不可抗拒的时代潮流,国际社会越来越倾向于运用政治、经济、外交等手段解决彼此间存在的矛盾和争端,努力避免战争。特别是2022年俄乌冲突以来,世界各国对战争与和平的认识更加深刻,同时也有不少人在思考:冷战时期,时代主题是战争与革命;冷战后,时代主题是和平与发展;而俄乌冲突是否开启了一个新时代,其主题就是战争与和平?当今时代迫切需要更加深入地认识和把握战争与和平转换的基本原理,进而找到制止战争、维护和平的路径渠道,为弘扬时代主旋律贡献智慧和力量。

战争与和平问题研究,涉及政治、经济、外交、军事、宗教、文化,以及法学等诸多复杂因素。一是战争与和平的定

---

① 《列宁全集》第26卷,人民出版社1988年版,第143页。
② 程金科:《运用矛盾分析的方法把握战争与和平的基本走向》,《教学研究与信息》1994年第4期。

义。世界各国对此的理解认识不尽一致，本书兼收各国观点，并以马克思列宁主义军事理论、中国军事理论有关战争与和平的主要思想观点为主。二是战争与和平的范围。本书以研究战后局部战争与地区和国家和平为主，兼论世界和平。三是战争与和平的程度。就战争而言，本书主要研究常规战争问题，并不研究高强度、核战争情况；就和平而言，本书主要研究主动、积极、持久的和平。四是战争与和平的关系，本书重点研究战争如何向和平转换，兼论和平向战争转换。总之，本书通过总结战后局部战争和局部和平的基本理论，分析战争与和平转换的特点规律，提炼战争与和平转换的经验教训，旨在为读者学习研究战争与和平问题、指导战争向和平转换实践提供一定参考。

第一章

战争与和平转换基本概念

战争与和平转换问题，包括战争向和平转换与和平向战争转换两个方面。其中涉及战争、和平、转换等重要概念，同时还关联到军事危机、武装冲突、战争状态与和平状态、主动转换与被动转换等多个相关概念。界定这些概念的基本含义，确定好研究范围和重点，是理解和研究战争与和平转换问题的前提与基础。

一、战争与和平

（一）战争

1. 战争与局部战争

战争既包括国内战争，又包括国际战争。从后者来讲，只有双方宣战或联合国授权动武之后，双方才可以进入战争状态。而第二次世界大战后，为避免承担首先发起战争的责任，一些国家频频出现不宣而战的情况。有些西方国家为避战争之嫌，用所谓的武装冲突掩盖战争之实；有些专家学者也不把一国内部发生的战事作为真正意义上的战争来看待；还有些专家学者将战争的概念泛化，将金融战、贸易战、网络战、黑客战、病毒战、外交战、制裁战、媒体战等统统称之为战争，使得"战争"的概念混乱难辨。

《中国军事百科全书·战略》中对"战争"的定义是："国家、政治集团和民族之间为了一定的政治、经济等目的而进行的武装斗争。"[①]战争是使用武装力量进行的大规模激烈交战的军事斗争，是解决国家、政治集团、阶级、民族、宗教之间矛盾冲突的最高形式。因此，战争的本质是政治通过暴力手段的继续，而没有地域国界之分，不管是国与国之间、国与政治集团之间、政治集团之间，还是一国内部各种势力之间，也不管是采取宣战的形式，还是不宣而战的形式，只要出于政治、经济等目的，双方使用武装力量进行了军事对抗，且规模较大，都是实质意义上的战争。而金融战、贸易战、网络战、黑客战、病毒战、外交战、制裁战、媒体战，则不具备此特征，不属于真正的战争范畴。

第二次世界大战后，虽然再没有发生过世界性的大战，但局部性的地区战争和武装冲突却此起彼伏。在第二次世界大战后的70多年时间里，全世界爆发了涉及上百个国家的多场战争，其中规模较大的有中东战争、海湾战争、阿富汗战争等。这些局部性（或地区性）战争相对于全球性世界大战来说，其目的、规模、地域和持续时间都相对有限，可将其称为局部

---

① 中国军事百科全书编审委员会编：《中国军事百科全书·战略》：中国大百科全书出版社2014年版，第500页。

战争。

综合世界各国战争理论研究成果和《中国人民解放军军语》的解释,本书认为,局部战争是第二次世界大战后的主要战争形态,是在局部地区进行的,其战争目的、手段、规模等极具有限性。同时,局部战争是相对于世界大战而言的,第二次世界大战后的战争都是局部战争,但仅就参战国来说,也可能是全面战争。局部战争按规模可分为小规模局部战争和大规模局部战争。

2. 局部战争与军事危机、武装冲突

人类战争史表明,战争的爆发不是偶然的。战前敌对双方会由于各种利益问题产生矛盾,这些矛盾因双方未能及时解决致使其逐渐升级和激化,这一过程就是双方危机(军事)产生的过程。如果双方在危机阶段未能较好控制和化解,就可能使危机进一步恶化升级,从而产生武装冲突。如果在这一阶段双方能通过各种途径及时控制好冲突规模,甚至及时解决冲突实现和解,则是最好的结果。但如果冲突双方没有控制好冲突的规模和范围,武装冲突就会升级为局部战争。局部战争再升级扩大,就可能成为世界性的大规模战争,两次世界大战的爆发就是很好的例子。军事危机、武装冲突、局部战争和世界大战的关系如图 1-1 所示。冷战后,世界范围内地区性的与国家内部的局部战争、军事危机和武装冲突接连不断,因此,有必要对局部战争与军事危机、武装冲突做一个清晰的界定。

3. 军事危机和武装冲突

军事危机,是指国家或政治集团之间处于可能发生战争或

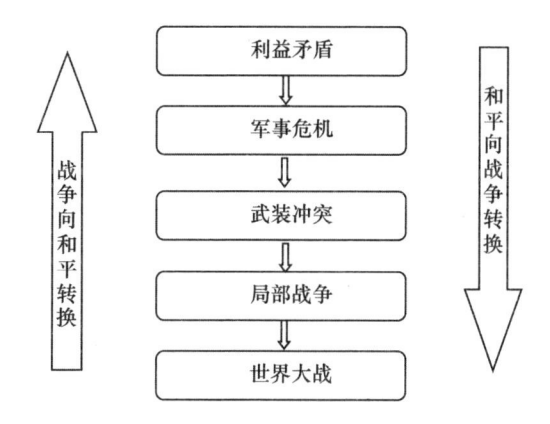

第一章 战争与和平转换基本概念 9

```
        ┌─利益矛盾─┐
        │    ↓    │
战  ↑   │  军事危机 │   ↓ 和
争  │   │    ↓    │     平
向  │   │  武装冲突 │     向
和  │   │    ↓    │     战
平  │   │  局部战争 │     争
转  │   │    ↓    │     转
换  │   │  世界大战 │     换
```

图1-1 军事危机、武装冲突、局部战争和世界大战的关系

军事冲突的危险状态。① 军事危机的相关方或一方在零星事件中使用武力或以武力相威胁，致使原有军事平衡被打破，矛盾严重激化，可能导致战争或武装冲突的高度紧张的军事对抗状态。军事危机具有很大的危险性，是和平向战争转换的一个关键节点，但能否转化为战争还要看各方对危机的态度和采取的措施。

产生军事危机的条件一般有两种：一是存在两个或多个对手间的矛盾并发生质变，相互间的稳定状态出现了重大逆转；二是军事力量对比出现严重失衡，对某种关系的现存结构提出重大挑战，发生军事敌对行动的可能性增大，如1962年的古巴导弹危机。军事危机是一个动态的过程，包括危机开始、升级、降级、结束等阶段。危机开始，标志着军事对手间冲突性

---

① 中国军事百科全书编审委员会编：《中国军事百科全书·战略》，中国大百科全书出版社2014年版，第193页。

相互作用程度增加。危机升级，表示对抗形势比危机开始阶段更加激烈，爆发冲突的可能性增大，通常有部队戒备、动员、调动和军事部署调整等。危机降级，表示双方相互作用的强度呈下降趋势，部队的各种军事行动逐步向常态调整。危机结束，标志着对手间冲突性相互作用结束，但并不一定是完全恢复至危机前状态。危机结束有可能会对一方或双方（甚至全球）产生不同程度的影响。

武装冲突，是敌对双方武装力量之间发生的低强度的武装对抗。[①] 武装冲突是在军事危机升级后出现的小规模、低强度的暴力冲突，其特点是目的有限、使用的武装力量较少、涉及的范围较小，一般没有战争动员和宣战，爆发突然、持续时间较短。如果冲突没能控制好而继续升级，则可能发展为战争。但究竟是多大规模、多大强度的武装冲突才算是战争，至今还没有统一的标准。但就国际关系来说，中低强度的武装冲突还未上升到战争状态，严格地讲还不能称之为真正意义上的战争。而大规模、高强度的武装冲突才可以作为战争来看待。

4. 局部战争与军事危机、武装冲突的关系

局部战争与军事危机、武装冲突既有区别又有联系。局部战争是由军事危机、武装冲突逐步升级达成的，三者都是敌对双方动用武装力量作用的结果。但这三者的强度又是不一样的，局部战争强度最大，武装冲突次之，而军事危机又次之。战争是一种法律状态，只有当交战双方或一方宣战，或一方使用武力而另一方确认为战争行为的，双方才算进入战争状态。

[①] 中国军事百科全书编审委员会编：《中国军事百科全书·战略》，中国大百科全书出版社 2014 年版，第 418 页。

而军事危机、武装冲突仅是一种客观事实。本书取广义上的局部战争概念，即把第二次世界大战后发生的所有国际、国内战争和高强度、大规模的武装冲突都作为局部战争来研究。而大量发生的低强度、小规模的军事危机和武装冲突，这里一般不作为战争看待。

（二）和平

战争自产生以来给人类带来了无尽的灾难和痛苦。避免战争、追求和平一直是人类最美好的愿望。2014年3月27日，习近平主席在巴黎联合国教科文组织总部发表的重要讲话中指出："面对战争给人类带来的惨烈后果，人类又一次反思战争与和平的真谛。千百年来，人类都梦想着持久和平，但战争始终像一个幽灵一样伴随着人类发展历程。"[1] 2014年12月13日，习近平总书记在南京大屠杀死难者国家公祭仪式上的讲话中再次强调指出："自古以来，和平就是人类最持久的夙愿。和平像阳光一样温暖、像雨露一样滋润。有了阳光雨露，万物才能茁壮成长。有了和平稳定，人类才能更好实现自己的梦想。"[2] 然而，人们在实践中深切感到，促进和平、缔造和平、维护和平是人类社会最大的政治困境和政治难题。

事实上，随着人类文明的不断演进，人们从阶级、民族、国家、集团、文化、宗教和个体等不同的视角对和平加以考察，其涵义也在发生变化，人们对和平的认识可谓千差万别。

---

[1] 《习近平在联合国教科文组织总部的演讲（全文）》，中国政府网，2014年3月28日，https://www.gov.cn/xinwen/2014-03/28/content_2648480.htm。

[2] 《习近平在南京大屠杀死难者国家公祭仪式上的讲话》，中国共产党新闻网，2014年12月13日，http://cpc.people.com.cn/n/2014/1213/c64094-26202039.html。

1. 古代中国对和平的理解

中国对和平的认识较早。早在3000多年前,中国最早的文字甲骨文和金文中就有了"和"字,其意为和平、和睦、和合、和好、和谐、祥和、平安等多重含义,蕴含着和以处众、和衷共济、和而不同、政通人和、内和外顺等深刻的道德规范与人生哲理。"平"字的涵义是平等、平稳、平安、均平、均等、公正、公平等等。中国传统文化中对于和平的理解并不局限于其是一种处理人际关系或国际关系的准则,而是把它视为一种崇高的社会理想和一种具有哲学意味的心灵境界,几乎渗透于中国传统道德文化和政治制度的各个层面。孔子作为中国古代著名思想先贤,以其为代表的儒家文化对和平的理解认识全面深刻,以"天人和、社会和、家庭和、群己和"等为核心思想的纲纪学说,奠定了中国古代和平思想的根基。而后各朝代又据此思想不断发展,如在汉代《白虎通义》中提出和平的九层关系:国家与人民、父母与子女、丈夫与妻子、父亲的兄弟姐妹、族人之间、自己与兄弟姐妹、母亲的兄弟姐妹、师长之间、朋友之间,要求形成互相尊重、理解、照应的平等关系。到清朝又明确提出,和谐的家庭是国家和平的基础,国家和平是世界和平的基础。可见,和平思想自古就具有自然和谐、社会和谐、精神和谐等文化意蕴,成为中华民族普遍具有的价值观念和理想追求,和平文化构成了东方文明的核心要素之一。

2. 西方对和平的理解

从历史的视角考察西方的和平观,有三位具有代表性的古代学者的思想影响深远。第一位是罗马帝国时期的哲学家和思想家奥勒留·奥古斯丁,他比较系统地提出了和平的概念。他认为，和平是家庭、部落、国家中一种特定的秩序、一种不受干扰的宁静，完美的和平是超历史的目标。"地上的和平"只有在历史走向终结的世界末日才能实现，不可能通过人类活动来达到，只能是末世希望中的一部分。第二位是捷克教育家约翰·阿莫斯·夸美纽斯，他认为和平至少包含三个方面内容：世事的宁静且无躁动的状态、秩序和安全保障。第三位是德国唯心主义哲学家伊曼努尔·康德，他从历史的"和平"状况出发，继承奥古斯丁的思想，认为和平是无尽头的历史动态过程的理想目标。他的《永久和平论》直到今天还是签订国际协议时的范本。他认为，战争是和平的先决条件。普世和平，作为历史的终点，仍是一个理想，只能被作为不断接近的目标，却无法达到。"哲学上的千年盛世"一直在降临，但决不抵达。

亚里士多德虽没有赞扬过战争，但却认为战争是处理国家间争端的合法手段，就像人类为了享有闲暇与文化生活必须要从事经济活动一样，为了拥有和平，人们必须偶尔进行战争。古罗马作家韦格修斯有一句经典的格言："如果你想要和平，那么就准备打仗吧！"这句话被许多人奉为至理名言。托马斯·霍布斯认为，战争与和平的关系就像暴风雨天气并不意味着雨下个不停，自然状态也不意味着战争是没完没了的，这也如同人们在阳光明媚的日子里还带着一把雨伞以防备下雨一样，在和平时期也要为下次战争做准备，备战过程就是积聚力量的"无战状态"或"休战状态"。爱德华·卡尔认为，在每一个案例中，真正的目标都不是和平，而是争夺优势。不考虑战争，就无法界定和平；和平是一种手段，而不是目的。因此，战争虽以和平的方式结束，但和平有时又会成为战争的导火索。人类为了获得和平付出的代价实在太大了，和平大厦建立在人类自身的残骸腐体之上。

迄今为止,用战争、冲突、暴力作为定义和平的主要参照体的做法比比皆是,除了把和平定义为"没有战争的状态"之外,绝大多数普通百姓包括某些政治学家对和平属性的普遍理解依然是"民族国家之间没有战争或物质暴力"。人们常常援引法国著名学者雷蒙·阿隆的观点:政治单位之间的关系是由战争与和平的交替组成的,和平是两个敌对的政治团体之间不存在以暴力方式表现出来的持续猜疑的状态,或者说,和平是政治单位之间暴力形式竞争的某种持续性中止的状况。德国思想家马克斯·韦伯认为"和平不过是冲突性质的改变"。日本的星野昭吉将和平定义为"通过非暴力(非军事)的手段来公正地(相容地)分配价值的过程"。

3. 本书对和平的理解

人们对单纯以战争、冲突和暴力来定义和平的做法做出了质疑和修正,提出了直接暴力、结构暴力、文化暴力与相应的直接和平、结构和平、文化和平的概念,这些成为当今国际和平研究的最基本概念。既无直接暴力又无结构暴力的状态才是"积极和平",即和平 = 直接和平 + 结构和平 + 文化和平。

人们已经超越了战争与和平二元对立的思维模式,把和平与人类自身的价值体现、人性尊严、日常生活、命运安排,以及人与人、人与社会、人与自然的关系紧密地联系在了一起。日本著名的宗教思想家和国际和平活动家池田大作指出:"一般来说,人们认为和平的反义词就是战争。但是,研究和平的人们不这么看,而是认为和平的反义词是暴力。和平是通过同包括战争在内的各种暴力——贫困、饥饿、环境破坏、压制人权等等作斗争,通过根绝各种暴力而实现的。"就是说,只有根除所有的暴力，才能实现真正的和平，倡导"积极的和平主义"。所谓和平是相互之间不加任何恐怖于对方，相互衷心信赖、相互爱护的一种状态。这样的和平状态才是人类社会的正常状态，唯有这样才可以称之为人类社会。

据此分析，和平不只是没有战争和暴力，还是人类生命尊严与生命价值的最佳体现。和平之所以重要，是因为人的尊严和价值很重要。和平还是一种人际关系状态，是一种良性的互动方式。通过长期对话，参加对话的双方相互影响，在不知不觉中调整自己的行为方式，以新的方式与对方发展关系。市民间的人际关系是国际和平和国内和睦的核心，要结束暴力、恢复和平、克服贫穷、消除歧视，就必须在市民之间建立和平的关系，通过发展市民间建设性的和平关系，减少破坏性的冲突关系，最终实现和平。

总之，和平不仅意味着没有战争或物质暴力的状态，而且还体现为人与人之间的互动关系，人与人之间友好、善意、宽容、和睦地相处有助于和平的实现，人与人之间的怀疑、歧视、恐惧、憎恨则是导致冲突的内在因素。和平不但意味着人内心精神上的宁静与平和，而且意味着对自身和他人生命、尊严和价值的尊重以及能够与自然界所有存在物体和谐相处。同时，人不单单是以一个国家或一个民族为基础的社会存在，而是一种与整个人类社会、整个自然界甚至整个宇宙具有连锁关系的生命存在，因而和平适用于世界一切万物。和平是在世界各国之间和各国人民之间建立起来的，以信任、合作和承认相互依存和平等互利为基础的关系纽带；和平还是一种相互宽容、相互尊重、相互理解、承认彼此之间的差异，可以实现人的全面、协调与可持续发展的社会环境。

当前，人类社会发展到了一个安全风险较高的时代，面对诸多困境。为解决冲突和危机，处理战争与和平的世界性课题，习近平主席提出了构建人类命运共同体理念。这一理念为国际社会寻求共同利益、应对共同挑战、促进和平发展提供了新的全球价值观。2018年9月19日，习近平总书记在向国际和平日纪念活动致贺信中指出："和平始终是人类社会的普遍期待与殷切向往。当今世界，和平与发展已成为时代主题，但各国面临的安全威胁日益复杂，战争威胁始终挥之不去。中华民族热爱和平，中国人民深知和平之可贵，中国坚定不移走和平发展道路，永远是世界和平的建设者、全球发展的贡献者、国际秩序的维护者。"[①]

二、战争状态与和平状态

战争与和平作为人类社会存在的两种状态，有其鲜明的特征，探讨战争与和平转换问题，应首先弄清战争状态与和平状态的区别和联系。

（一）战争状态

所谓战争状态，就是指战争正式开始至战争结束期间交战双方间关系的法律状态。在战争状态下，交战国或交战方对内可以依法采取战时动员和管制措施，对外可以断绝与敌国或敌

---

① 《习近平向2018年国际和平日纪念活动致贺信》，中国政府网，2018年9月19日，https://www.gov.cn/xinwen/2018-09/19/content_5323438.htm。

方的外交及其他正常关系。不管是世界大战、国际间局部战争，还是国内战争，只要双方通过宣战或实际开始了武装行动，则双方就进入了战争状态。但由于对抗双方实力不同，尽管都进入了战争状态，其所采取的措施和带来的影响也有所不同。比如伊拉克战争，尽管美英等国与伊拉克都进入了战争状态，但对于实力弱小的伊拉克而言，是全力以赴、全民总动员的全面战争状态，而对于实力强大的美英等国，则表现出整体和平、局部动员的有限战争状态。

（二）和平状态

和平状态是交战双方通过签订合约、发表联合声明或宣言，或由战胜国单方面宣告结束，或双方直接进入休战停火所形成的状态。其根本特征是双方不再大规模使用暴力手段。和平状态也存在范围上的差别，没有世界大战发生，尽管存在局部战争和武装冲突，但依然可以认为世界整体处于和平状态，比如第二次世界大战后世界就处于存在局部战乱的整体和平状态；一个地区没有战争或大规模武装冲突发生，也可以认为该地区整体处于和平状态，比如冷战后，尽管一些欧洲国家参加了一些局部战争，但欧洲整体上处于和平状态；一国内部没有局部战争或全面战争，也可以认为　国整体上处于和平状态。

（三）战争状态与和平状态的关系

战争状态与和平状态既相互对立，又相互统一，在一定条件下还可以相互转化。战争状态是使用战争手段解决矛盾所形成的法律状态，而和平状态是使用非战争方式解决矛盾所形成的状态。同时，两者又是相互包含的，整体和平状态之下可能包含着局部战争状态，整体战争状态之下也可能包含着局部和平状态。比如，冷战后发动了多场局部战争的美国，尽管与对方进入了战争状态，但从美国自身来看，只是进入了局部战争状态，整体上还处于和平状态；而对手则进入了全面战争状态，但在某些区域依然存在着和平状态。

三、战争与和平转换

战争与和平转换，包括战争向和平转换与和平向战争转换两个过程，这两个过程既有区别又有联系。从本质上讲，战争向和平转换是以打赢战争实现和平转换为主要过程，同时也有通过和谈结束战争状态实现和平转换的过程。和平向战争转换，主要是在和平条件下，努力遏制战争爆发以争取持久和平的过程。

（一）战争与和平转换的理论方法

战争与和平转换问题是社会矛盾运动的重大实践问题，其基本理论研究层次高、涉及领域广、变化发展快，必须采取科学有效的理论方法，才能在错综复杂的矛盾关系中厘清思路，抓住核心，找出规律。

1. 历史考查总结

这是马克思主义研究战争与和平问题的根本方法。当代战争与和平转换的理论不是凭空想象的，而是隐藏在当代战争与和平转换的历史实践之中的。应重点对冷战后世界范围内历次战争与和平转换过程进行深入回顾总结，在此基础上找出共同的特点和规律，力争做到以史为镜、规制未来。

2. **系统综合判断**

战争与和平转换问题涉及的领域很广，包括政治、经济、军事、科技、外交、历史、文化、地缘、民族、宗教、统帅、民众等多种因素，最终达成转换是各种因素综合作用的结果。系统分析法就是把战争与和平转换作为一个系统，通过对各要素进行综合分析，最终找出共同的作用机理。

3. **矛盾对比分析**

战争与和平转换是一个矛盾运动变化的过程，有主要矛盾、次要矛盾，矛盾的主要方面和次要方面之分，需要遵循矛盾运动变化的基本规律。矛盾分析法就是从诸多矛盾中找出影响战争与和平转换的主要矛盾和矛盾的主要方面，从矛盾运动变化的过程中找出转换的规律特点，以认清转换的实质。

4. **实践运用检验**

检验一个原理是否有效，关键看它在实践中的运用效果。面对本国当前所面临的各种安全威胁，如何有效控制战争，需要正确的理论指导。实践运用检验的方法就是从维护国家安全发展的大局出发，运用转换机理对国家未来战争控制给出具体对策思路，力图对当代战争与和平转换机理进行有效验证。

（二）战争与和平转换的基本原则

战争与和平转换的基本原则，是指在战争与和平转换过程中需要遵循的准则。依据战争与和平转换的基本流程，其基本原则主要有以下五个方面。

1. 分析影响因素，找准转换动因

影响当代战争与和平转换的因素纷繁复杂，既有外部因素也有内部因素，既有有利因素也有不利因素。但是必须明确的重点是：和平、发展、合作、共赢的时代潮流，一超多强并向多极化发展的国际格局，迅猛发展的经济全球化，不断拓展的国家核心利益，日益增多的高新武器装备和不断增强的国际干预等，都是影响当代战争与和平转换的主要因素。从转换动因上看，国际社会阶级斗争是诱发转换的原动力；霸权主义是诱发转换的主要动力；各种具体利益矛盾是导致转换的直接动力。

2. 注重因果关系，聚焦转换条件

任何事物的变化发展都不是偶然的、突发的，都有其因果关系，当代战争与和平转换也是如此。从冷战后历次战争与和平转换的因果关系中，可以分析总结出和平向战争转换的一些主要条件，如：交战双方或一方的核心利益受到严重威胁；一方占据非对称优势；双方或一方有很强的战争意志；国际组织或外部力量支持；来自内外的止战压力不起作用等。在具体实践中要结合具体情况，提出相应的条件。从第二次世界大战后一些经典战例中，可以得出战争向和平转换的一些主要条件，如：交战双方都有结束战争的意愿；一方击垮了另一方的战争意志；双方陷入无法继续战争的境地；有利于结束战争的国际干预和制裁发挥决定性作用；建立有效的安全机制等。在实际转换的决策中，也要根据具体情况总结出转换条件。

3. 预想转换过程，抓住关键环节

战争与和平转换的动态演变是一个由量变到质变的发展过

程。在此复杂过程中，要根据转换过程的始终，区分阶段和环节，并依阶段和环节进行递进分析，深入研究这一过程是如何一步步达成转换的。和平向战争转换一般经历潜伏酝酿、出现危机、危机升级、战争爆发的演变过程。战争向和平转换一般经历筹划准备、激烈对决、决心和解、战争结束的演变过程。在转换过程中，要根据内外环境抓住关键环节，确保转换过程顺利实施。

4. 着眼自身特点，遵循转换规律

分析人类社会关于战争与和平转换的实践案例，不难发现任何一个转换案例都有自身的特点。正如毛泽东指出的"战争和战争指导规律都是发展的"，不同时间、不同地域和不同性质的战争规律各有其特点，因此，"我们研究在各个不同历史阶段、各个不同性质、不同地域和民族的战争的指导规律，应该着眼其特点和着眼其发展，反对战争问题上的机械论"。[①] 但是，通过分析第二次世界大战后当代战争与和平转换的基本情况，也可以得出一些普遍规律。各国大多认为战争与和平转换的基本规律有：霸权主义诱发转换、综合实力支撑转换、发展利益主导转换、外部力量干预转换、综合手段实施转换、战争意志左右转换。因此，要实施好战争与和平的转换，既要遵循这些规律，也要着眼自身特点。

5. 综合运用转换手段，果断实施转换

为达成制止战争、维护和平的目的，要根据上述各点进行分析总结，把握好转换的各个环节，并从各个环节入手，探索

---

① 《毛泽东军事文集》第 1 卷，军事科学出版社、中央文献出版社 1993 年版，第 692—693 页。

提出控制当代战争与和平转换的综合手段方法与基本途径。如：遏制霸权主义，创造有利于和平的环境条件；缓和和调解诱发战争的矛盾，抑制危机发生；积极化解和控制危机，防止危机升级；掌控危机顶点，遏制武装冲突和战争爆发；限制战争使用强度，防止扩大升级；多种手段并用，摧毁或削弱对方战争意志；适时果断终止战争，力避久拖不决；搞好战后和平安排，防止战火再起。

战争向和平的转换阶段，重点是战争进行或结束后到恢复和平的时期，其中面临的矛盾复杂，涉及的工作程序多、问题多。战争指导者要根据国内外形势的发展、战争结束后的实际状况和人民群众的现实需求等进行科学决策。充分利用政治、经济、外交和军事等综合手段，力争做到快速、灵活、果断的转换，使国家尽快进入正常发展轨道，让涉战地区人民尽快恢复正常生产生活秩序，以重新实现和平。

第二章

战争与和平转换基本思想

战争对人类社会发展产生了重要影响。人类在战争与和平的矛盾中苦思冥想、艰难前行，围绕什么是战争、如何消除战争，什么是和平、如何维护和平，战争如何向和平转换等问题不断研究和探索，形成了特色鲜明的理性认识，取得了丰硕成果。本章仅回顾总结古今中外有关战争与和平转换的理论成果，为解决当今战争与和平转换的现实问题提供历史参考和理论借鉴。

一、中国关于战争与和平转换的基本思想

中国历代关于战争与和平转换的基本思想，是中国古代和近代对于战争、和平及其转换问题的理性认识，涉及战争观、和平观、战争与和平转换的基本观点等主要内容。

（一）中国古代关于战争与和平转换的基本思想

中国上下五千年，战争实践极为丰富，战争相关理论成果丰硕。从公元前26世纪神农氏伐斧燧氏之战开始[①]，人们就开始了对战争与和平问题的探索。随着相关实践和理论的不断发展，中国古代战争与和平转换的基本思想也日益丰富，形成了独特的理论体系和系统的思想内容。

1. 重视战争，崇尚道义

中国古代先贤的不少著作都有关于战争的地位和作用的论述。孙子作为中国古代军事思想的杰出代表，在《孙子兵法》开篇就强调："兵者，国之大事，死生之地，存亡之道，不可不察也。"崇尚道义是中国古代战争观的重要内容。孙子明确表述了"道"与"兵"之间的内在联系，认为只有遵从了特定的"道"而行的"兵"事，才符合"王道"，"师出有名"。战争绝非统治阶级随意妄为之事。

2. 国家相处可"和而不同"

春秋末期的儒家认为，从日常生活到国家大事，都是靠不同的事物、不同的意见相成、相济，形成和的局面，方能生存发展；如果拒斥不同，追求一律，只能一事无成。孔子把"和同"思想提炼为"君子和而不同，小人同而不和"。

3. 争取和平的最好方法是非暴力手段

孙子强调通过非暴力手段实现和平，强调"上兵伐谋，其

---

① 神农氏伐斧燧氏之战在《战国策》《孙膑兵法》等古兵书中均有记载。神农氏部落居今河南省东北部，斧燧氏部落居今山东省西南部曲阜一带。此战为中国古籍中记载的最早的一次战争。

次伐交，其次伐兵，其下攻城。攻城之法，为不得已"。即使急于事功、不讳言暴力的法家也对发动战争持否定态度。韩非子指出："主多怒而好用兵，简本教而轻攻战者，可亡也。"春秋时期的田穰苴则提出"大善用本""视敌而举"，认为最好是靠谋略取得战争胜利，其次才是攻战取胜。

4. 维护长久和平必须有备无患

孙子认为，有备无患涉及政治、经济诸多方面，其中军事至关重要。中国的非战思想并非意味着不使用武力。田穰苴提出："国虽大，好战必亡；天下虽安，忘战必危。"既反对穷兵黩武，又反对偃兵息武。康熙也指出"欲安民生，必除寇虐，欲除寇虐，必事师旅"，反映了中国传统的国家安全观。

5. 以战止战、以战促和

田穰苴提出了"以战止战"的战争观，即不一味地反对战争，而是坚持以"安人""爱民""止战"为目的的正义战争，反对压榨残害人民的非正义战争。他认为："杀人安人，杀之可也；攻其国，爱其民，攻之可也；以战止战，虽战可也。"

（二）中国近代关于战争与和平转换的基本思想

中国百年近代史饱受外来侵略和欺凌，面对外敌入侵、割地赔款的屈辱，中国近代精英痛定思痛，通过不断的实践探索和理性反思，提出了许多成熟的战争与和平转换理论观点。

1. 客观把握世情国情，定位战争与和平的发展方向

19世纪30—40年代，英法等资本主义国家通过工业革命，工业产量猛增，在世界各地寻找原料产地和产品倾销地，开始对亚非拉国家展开殖民争夺。中国幅员辽阔、人口众多，且工业和国防落后,成为殖民者侵略扩张的重点。当时统治中国的晚清政府盲目自信,未能认清形势。鸦片战争爆发后,清政府一厢情愿地寻求和平,加之战争决策错误,最终遭受惨败。清政府未能准确把握世情国情,对鸦片战争爆发的必然性认识不足,教训十分惨痛。

2. 军事实力是争取和平的重要基础

鸦片战争的惨败促使晚清政府和有识之士探究战败原因。战争中的精神勇气固然重要,但仅靠精神勇气是不可能争取胜利、实现和平的。魏源认为,西方列强有三项长技,即"一战舰,二火器,三养兵、练兵之法",因此提出了"师夷长技以制夷"的思想,有力地推动了洋务运动和中国近代军事工业的建设发展。

3. 边海防是国防的重要部分

中国的农耕文化排斥海洋文化,导致中国长期闭关锁国,在国防和军事上一直轻视海上防御。即便在鸦片战争后的19世纪70年代,清廷还在就"海防""塞防"问题争论不休。后来虽然组建了北洋海军,也建立了旅顺口基地、威海卫基地,但消极保守的海上防御思想始终未变,导致了中国在中日甲午战争中的惨败。

4. 建立革命军队是战争胜利的前提和保证

辛亥革命后,以孙中山为首的国民党政府,吸取了晚清政府的教训,总结讨袁战争、护国战争、护法战争等历次战争的经验教训,深刻认识到依靠军阀进行革命是没有出路的;国家要发展、要和平、要复兴,必须建立一支革命军队。孙中山提出"以党治军,军队与国民相结合,进而成为群众武力"的建军方针;用"三民主义"教育官兵,反对愚民政策;加强军队政工制度。

二、外国关于战争与和平转换的基本思想

外国关于战争与和平转换的基本思想的形成与发展比较复杂，各个地区历史发展阶段不同，所关注的重点也有所不同，但人们热爱和追求和平的愿景是一致的。在此，仅以欧美地区、亚非拉地区类分进行简要介绍。

（一）欧美地区关于战争与和平转换的主要思想

欧美地区历史发展大致可分为古代、近代和现代。古代一般是指1640年英国资产阶级革命之前的时期，近代大致截至第二次世界大战结束，现代则指第二次世界大战之后的时期。

1. 欧洲古代关于战争与和平转换的基本思想

欧洲古代关于战争与和平转换的思想最初体现在对战争、和平的基本认识中，为后来战争与和平转换思想的产生和发展奠定了基础。

（1）人类的贪欲是从和平导向战争的根源。古希腊哲学家柏拉图认为，人类的贪欲是战争共同的起因。他在《理想国》中写道："如果我们想要足够大的耕地和牧场，势必要从邻居那儿抢一块来；而邻居……也无限制地追求财富的话，势必也要夺一块我们的土地……下一步，我们就要走向战争了……现在我们已经找到了战争的起源。"古希腊历史学家修昔底德也认为"人性"是爆发战争的原因，因为"人性中的贪欲和野

心、以及天生对权力的渴望"会使国家和个人轻率地抛弃和平，诉诸战争。

（2）和平是人类发展的理想终点，但和平秩序和状态可以被创建和优化。奥古斯丁在《上帝之城》中提出，完美的和平是超历史的目标，不可能靠人类活动实现，只有在世界末日才能实现。捷克教育家夸美纽斯认为和平包含三个方面：世事的宁静且无躁动的状态、秩序和安全保障。他特别强调，和平作为历史发展的目标，需要创建一种秩序或关系网，以保证一切个体的存在。而这一"安全"环境可通过每个个体和共同体的创造性交流得到发展和优化。①

（3）战争是巩固和平和安宁的重要手段。《伯罗奔尼撒战争史》中记述了科林斯人面临战争时的讲话："不要担心暂时的恐怖，要争取战后的永久和平。战争可以巩固和平；如果为了安宁而不肯作战的话，就不能免于危险。"这段话体现了暂时的恐怖与长久的和平、安宁与危险、战争与和平的基本关系。

（4）建立国家的常备军队可防止战争爆发，维持和平。柏拉图在《对话录》中讲到，为了保卫国家、保护公民财产，必须建立军队。被称为"政治学之父"的亚里士多德十分重视国家安全，认为国家必须有足够的军力来维护法律，抵抗外辱。他还特别强调战备的重要性，相信加强战备能够阻吓敌人的攻击，防止战争的爆发，维持和平。

（5）同盟关系会影响战争与和平的转换。被称为"历史之父"的希罗多德认为，建立同盟是维护国家安全的基本途径

---

① 刘成：《和平学》，南京出版社2006年版，第23页。

之一。同盟的力量比单个国家更强大，更能威慑敌方，阻吓侵略。他还指出，共同威胁是同盟建立的原因和存在的条件；当威胁减弱或消除后，同盟关系就会难以为继。

古罗马历史学家李维认为，同盟既可以增强国家的力量，也可能是一个陷阱，使国家陷入不必要的战争——当一国的同盟国与别国爆发战争时，该国为遵守同盟条约，就不得不加入与己无关或关系不大的战争。

2. 欧美近代关于战争与和平转换的基本思想

欧洲近代的思想家和军事家继承总结了前人的思想理论，结合自身实践研究，发展完善了战争与和平转换思想。

克劳塞维茨的《战争论》揭示了政治与战争的关系，认为政治是战争的母体，战争是政治的继续；在任何情况下，战争都不是独立现象，战争是政治的工具，为政治服务，是实现政治交往的另一种手段。政治目的的价值必然决定着付出牺牲的意愿和代价。当战争消耗超过了政治目的的价值，或获胜的可能性不大或获胜的代价过高时，交战方就会放弃政治目的而寻求和平，实现战争向和平的转换。

在西方近代民主制度形成和发展过程中，一些政治家和军事家注意到，在"民主制度"下，由于选民的支持，民意会影响到战争与和平的转换。德国古典哲学创始人康德认为，民主国家间一般不会发生战争，解决矛盾争端更多通过"民主方式"。法国军事理论家约米尼则认为，多数民选代表不是明智的政治家，为争取选民支持，他们会以经济为借口削减军费，逐渐削弱辛苦建立起来的军事力量；他们还对和平抱有幻想，因为他们觉得宣扬和平比呼吁战备更能获得选民的支持。

美国军事理论家马汉认为，国家工业和商业能否和平顺利地发展取决于国家间的实力对比。虽然各国都声称维护和平，但又都乐此不疲地谋夺、经营远方的殖民地；各国政治行为相互对立，可能引发严重争执，而解决争端的最关键的因素是军事力量；拥有并运用武装力量并不一定意味着战争，适当合理地使用武装力量常常能阻止战争的发生——对武装力量运用得越是得心应手，就越可能和平地达成目标，手无寸铁不能保障和平。

英国军事理论家富勒认为，促使战争发生的原因是经济因素，战争已经是一种整个国家所从事的商业行为；近代战争具有四种性质——外交、经济、心理和军事，军事仅是最后手段，战争是用不同的工具在不同的战场上打仗。战争的政治目的分为有限和无限，使胜利者获益的往往是前者。对于合理的政治目标而言，全面核战争毫无意义；战争的目的是和平，胜利只是达到此目的的手段；不能获得拥护的和平只能是压迫，仅当一个国家无力反抗时才会屈辱地接受，有精神和信念的人一有机会就会反抗。

英国军事理论家利德尔·哈特认为，战争的目的是得到更好的和平。战争是在谈判失败时使用的手段，是违反理性的，需要理智来控制。进行战争时，要考虑所需的和平条件和战后利益。建立在力量平衡之上的相互制约关系，是对和平的最好保障。在战争中，"间接路线要比直接路线优越得多"，军事只是诸多工具中的一种，要综合使用各种工具，避免损害未来的和平；为削弱敌人抵抗意志，应利用全部力量；不经过惨烈的战争就能达成目标的战略是最完美的。

3. 欧美现代关于战争与和平转换的基本思想

第二次世界大战后，美国成为资本主义体系的主导力量和西方世界的领导者。美国为创建美式全球秩序，用战争与和平两手推行美国强权下的和平，以保证自己及盟友的利益。欧美政要、学者针对战争与和平问题提出诸多观点。

（1）战争作为推行政策的手段已经过时，和平是唯一选择。尼克松认为，发动战争是为实现具体的政治目标；国家利益受到威胁时，就有必要诉诸武力；小规模战争也可能升级为世界大战。战争作为推行政策的手段已经过时，但仍然是维持和平的工具。核武器时代，和平是唯一选择；包括核力量在内的军事威慑是维持持久和平所必需的。和平是建立在对严峻现实的共识上的，即便是不可调和的矛盾仍可通过非战争途径化解；控制解决矛盾冲突的持续过程就是和平；和平状态不是没有冲突矛盾，而是能容忍冲突矛盾。

（2）国家之间不能只有竞争，合作是可能且必要的。尼克松认为，国与国之间不能只有竞争，即便是意识形态和社会制度对立的国家之间，合作也是可能且必要的。缓和就是促进合作、限制竞争的努力，仅有对抗和遏制而没有缓和是愚蠢且危险的。美国的政策应兼具坚定性和灵活性，使和平手段和军事手段相互结合，互相补充，在保持强大军力的同时，也应意识到单靠军力是无法取胜的。正如肯尼迪所言："没有什么重要问题是单靠军事力量而获得解决的。"为维护和平，美国必须奉行缓和政策。保持竞争和对抗可控，符合双方的利益。缓和应与威慑相结合；缺乏威慑，缓和将导致绥靖和失败；有威慑作保障，缓和才更有效。

（3）冷战不是常规意义上的战争，冷战后冲突可能会加剧。美国政要认为，冷战不是常规意义上的战争，而是不同政治理念和经济制度间"和平的"全面战争，要防止冷战升级为热战。冷战后，世界新秩序尚未形成，意识形态冲突已不占主导地位，但地区和小国间的冲突可能还会加剧；发展中国家的不稳定因素将对美国利益构成重大威胁；只要国家间有竞争，利益冲突和民族冲突就不可避免；美国要警惕"文明间冲突"，因为它会导致更多的冲突。

（4）文明的差异将是影响战争与和平转换的重要因素。1996年，美国学者塞缪尔·亨廷顿提出了"文明冲突论"，认为中华文明、日本文明、印度文明、伊斯兰文明、西方文明、东正教文明、拉美文明，可能还有非洲文明将决定冷战后世界格局；将来国际冲突将主要在各大文明之间展开，这种异质文明间的冲突不但持久而且难以调和。他认为，未来的国际冲突根源将主要是文化的而不是意识形态的和经济的；文明冲突是未来世界和平的最大威胁，建立在文明基础上的世界秩序才是避免世界战争的最可靠的保证；全球政治格局正在以文化和文明为界限重新形成，并呈现出多种复杂趋势：在历史上第一次出现了多极的和多文明的全球政治；不同文化的国家间最可能的是相互疏远和冷淡，也可能高度敌对，而文明之间更可能是竞争性共处，即冷战和冷和平。

（5）战争未必带来和平，盲目的武力干涉只会加剧恐怖主义的蔓延。法国前总理、外交部部长多米尼克·德维尔潘在《论战争与和平》中认为，当今国际社会不再只是由双边关系定义，更多地要靠多边关系来塑造；要共同担负起和平工作，寻求有效途径，建立一个稳定而公正的新秩序。全球化形势下，种族问题、技术革命和政治热情的回归等因素使局势更加恶化。愤怒与恐惧转化为暴力，成为恐怖主义的温床。遭受不公平待遇的种族更具杀伤性，形成一触即发、可以燎原的脆弱格局。在这个"变质"的世界上，西方国家缺乏谨慎，草率地动用武力干涉，结果却是弄巧成拙。盲目诉诸武力只会加深仇恨，使恐怖主义合理化，为其壮大大开方便之门。"伊斯兰国"的肆虐便是明证。西方没有哪个国家可以标榜"反恐战争"已经获胜；即便在某些地方暂时获胜，也总是冒着恐怖主义扩散的风险。恐怖主义还会进一步转化升级，正如"基地"组织让位于"伊斯兰国"。

4. 马恩列斯关于战争与和平转换的基本思想

马克思、恩格斯、列宁、斯大林考察了人类历史上的战争与和平问题，批判吸收并发展了前人理论中正确与合理的内容，发现并解释了马克思主义关于战争与和平问题的基本原理。

（1）马克思、恩格斯关于战争与和平转换的基本思想。马克思和恩格斯在《共产党宣言》中指出："人对人的剥削一消灭，民族对民族的剥削就会随之而消灭。民族内部的阶级对立一消失，民族之间的敌对关系就会随之消失。"

马克思认为，战争不能解决所有问题，把军事上的考虑当成决定国界的原则，完全是一件蠢事和时代错误，因为每一次总是战胜者强迫战败者接受自己的条件，从而播下新的战争的种子。用强力手段来压服一个具有生命力的民族，其结果将与预期的目的恰恰相反。

恩格斯指出，阶级斗争在一定的条件下可通过和平手段进行。阶级之间的战争的进行，并不取决于是否采取真正的军事行动，在一些情况下，这些阶级之间的斗争只能通过和平的和合法的方式进行（至少暂时如此），即通过竞争、工会组织以及其他和平斗争手段进行。

马克思和恩格斯运用历史辩证法考察战争的诱因，认为剥削阶级的战争不会赢得永久和平，而只会孕育新的战争；剥削阶级的和平是掩饰其准备新战争的"假面具"。资本主义为了获得新的平衡，必须周期性地用战争来重新瓜分世界。

（2）列宁、斯大林关于战争与和平转换的基本思想。在马克思和恩格斯的理论基础上，列宁和斯大林进一步发展了战争与和平转换的特点和规律。

在资本主义现实中，不管形式如何，不管是一个帝国主义联盟去反对另一个帝国主义联盟，还是所有帝国主义大国结成一个总联盟，都不可避免地只会是两次战争之间的"喘息"，和平的联盟准备着战争，同时它又是从战争中生长出来的，两者相互制约，在世界经济和世界政治的帝国主义联系和相互关系这个同一基础上，形成和平斗争形式与非和平斗争形式的彼此交替。①

列宁指出，在经济政治条件极不相同、各国发展速度极不一致、各帝国主义国家间存在着疯狂斗争的情况下，帝国主义国家和金融资本对世界的瓜分和重新瓜分，是由和平瓜分转为非和平瓜分、再由非和平瓜分转为和平瓜分，按照新的实力对比来重新瓜分世界的。② 在任何战争中，交战者双方在势均力敌的时候，总要停顿一段时间，养精蓄锐，吸取已有的经验进行准备，然后投入新的战斗。任何大的国内战争过去是这样，将来也会是这样。在各个战争时代，和约起到获得喘息时机和聚集力量来准备新的战斗的作用，这在历史上并不罕见。③

---

① 《列宁全集》第26卷，人民出版社1988年版，第60页。
② 《列宁全集》第27卷，人民出版社1990年版，第408页。
③ 《列宁全集》第13卷，人民出版社1987年版，第71页。

列宁认为，除非无产阶级革命推翻各交战大国现在的政府和现在的统治阶级，否则绝对不可能有任何其他的和平，而只能是帝国主义大国之间或长或短的休战，只能是加强各国国内的反动势力、加强民族压迫和对弱小民族的奴役、为准备新战争增添燃料等等的和平。①

针对20世纪二三十年代的和平主义，斯大林指出，欧洲历史中缔结的"和平条约""包含有未来战争的因素"。②"帝国主义的和平主义是准备战争的工具，是用虚伪的和平词句来掩盖备战的工具。没有这种和平主义及其工具国际联盟，在目前情况下要准备战争是不可能的。正因为帝国主义的和平主义及其国际联盟甚嚣尘上，所以一定会发生新的帝国主义战争和干涉。"③

列宁指出，和平不可能轻易获得，只有打痛了敌人，他才会来讲和。④他告诫人民，应全面加强战备，绝不能解除军队武装。"我们的军队是使帝国主义列强丝毫不敢轻举妄动、不敢侵犯我国的切实保障。"⑤斯大林也强调了建设强大军队并保持战备的重要性。他指出，我们的对外政策是拥护和平，我们不主张战争。但是，如果有人把战争强加到我们身上，"我们将竭尽全力使红军健壮并保持战斗准备，使它能够和从前一样勇猛地保卫苏维埃俄国，打退敌人"。⑥

---

① 《列宁全集》第27卷，人民出版社1990年版，第464页。
② 《斯大林全集》第7卷，人民出版社1958年版，第327页。
③ 《斯大林全集》第11卷，人民出版社1955年版，第174页。
④ 《列宁全集》第37卷，人民出版社1986年版，第307页。
⑤ 《列宁全集》第38卷，人民出版社1986年版，第278页。
⑥ 《斯大林全集》第4卷，人民出版社1956年版，第343页。

（二）亚非拉地区关于战争与和平转换的主要观点

亚非拉地区关于战争与和平转换的主要观点体现在反殖民主义和帝国主义、争取民族独立解放斗争的理论和实践中。

1. 亚洲关于战争与和平转换的主要观点

除中国外，亚洲其他国家在反对帝国主义和殖民主义、争取民族解放的斗争中也都总结了有关战争与和平转换的观点。此外，日本作为亚洲曾经唯一的帝国主义国家，其战争与和平转换观点也很具代表性。

（1）不结盟运动是阻止战争的有效手段和途径。印度前总理尼赫鲁倡导的不结盟运动，得到中国、缅甸、印度尼西亚等诸多亚洲国家的大力支持，视之为国家保持独立自主的重要手段，以争取国家和平。尼赫鲁明确反对冷战，认为冷战时刻威胁着世界和平，而印度的和平与世界和平密不可分，如果再次发生世界范围的战争，印度的主权独立与领土完整都将受到冲击。因此，印度希望使用自身力量维护世界的和平、缓和两极对峙的紧张局势，与美苏两个超级大国都保持距离，不加入两大阵营中的任何一方；军事结盟是追求强权政治的工具，北约与华约使欧洲时刻笼罩在战争的阴影下，对世界和平构成威胁；"不结盟"不是中立主义，而是带有积极性质的活动和政策；印度不得已时为维护国家利益会与大国结盟；世界的和平与发展和印度的独立息息相关，帝国主义和殖民主义的强权政治是导致世界爆发战争的根源，只有通过团结各种和平力量才能抑制大战的爆发，提高自身在国际上的影响力。

（2）军国主义与和平主义思想助推战争与和平转换。军国主义思想在日本由来已久，成为其和平向战争转换的主要思想根源。日本古代传说中的神功皇后曾征讨新罗，三战三捷，被大肆宣扬，推崇有加。16世纪末，日本统治者丰臣秀吉首次提出征讨朝鲜，进占中国、印度，称霸亚洲的狂妄计划。18世纪末，鼓吹对外扩张的"海防论""开国论""海外雄飞论"及"攘夷论"开始盛行，成为日本军国主义的思想来源。明治维新后，日本经济和军事实力快速提升，成为军事封建帝国。明治政府的"富国强兵"政策使产业革命与战争紧密相连，国家被纳入军事、战争轨道，陷入从战争走向更大战争的恶性循环，终使日本成为第二次世界大战法西斯帝国，也将自身和其他诸多国家推向大规模战争的深渊。

和平主义思想在日本从战争向和平的快速转换中发挥重要作用。第二次世界大战后，和平主义在日本摆脱战争、巩固和平的过程中发挥了重要作用。日本在美国主导下进行了"民主化"改革，通过修宪取消天皇的神权，建立了"三权分立"的民主制度。日本在1947年实施的新宪法被称为"和平宪法"，其第9条规定日本永远放弃战争和战争手段：日本国民衷心谋求基于正义与秩序的国际和平，永远放弃以国权发动的战争，放弃以武力威胁或武力行使作为解决国际争端的手段。为达到前项目的，日本不保持陆海空军及其他战争力量，不承认国家的交战权。由此，以"非战、非武装、非暴力"为特征的和平主义在日本社会占据了主导地位，加速了民主化进程，快速实现了其战争向和平的转换，推动了经济的恢复和发展，使战后日本迅速崛起为世界第二大经济强国。

（3）和平共处原则促进了世界与地区和平。第二次世界大战的沉痛教训，促使亚洲诸多国家为遏制战争、争取持久和平进行深入思考。和平共处五项原则应运而生。1953年12月，中国政府同印度政府就两国关系问题进行谈判，周恩来总理首次提出和平共处五项原则，即互相尊重主权和领土完整、互不侵犯、互不干涉内政、平等互利、和平共处。之后此原则得到世界大多数国家的支持和赞同，成为解决国家间关系的基本准则，在促进世界和平与国际友好合作方面发挥了巨大作用。

2. 非洲关于战争与和平转换的主要观点

非洲关于战争与和平转换的主要观点大多形成于20世纪中后期非洲人民反抗殖民主义和帝国主义、争取民族解放的斗争中，具有十分鲜明的特点和内容。

（1）非洲统一是非洲从战乱走向和平的前提。泛非主义兴起于20世纪初，旨在动员非洲人民积极开展非暴力的斗争，以争取自由和平等，进而争取非洲的独立和统一。坦桑尼亚前总统尼雷尔是泛非主义领导人代表，主张非洲是一个整体，应该实现统一。他认为，非洲统一有利于非洲消除战乱。殖民者在侵略和瓜分非洲的过程中人为地划定非洲的国界，活生生地把非洲的民族拆散到不同的国家中去，并且为日后的民族冲突埋下祸根。只有统一才能避免此类冲突。他说："把非洲各国分割开的国界是荒唐的，如果我们没有统一，这些国界就会成为冲突的根源。"他相信，实行统一不仅可以避免非洲内战的发生，而且还可以避免非洲内部为争夺外援而进行残酷竞争。1967年4月，尼雷尔访问埃及时发表演讲说："如果非洲统一成一个国家，那么，那些内部战争——两个非洲国家自相残杀——就会大大减少。如果我们能以联盟的姿态进行协商，非洲穷国为争夺大国经济帮助而进行的残酷竞争就将得以根除。"津巴布韦前总统穆加贝认为，第三世界国家有共同的经历，它们之间只有取得最大限度的谅解、统一和合作，才能消除矛盾冲突，和平共处，不断发展。他认为，当一个主权国家由于内部冲突而其人民无力使局势恢复正常时，非洲统一组织有权干预，但要与"干涉别国内政"和"利用干涉来阻挠人民反对专制统治"相区别。

（2）民族团结是实现战争向和平转换的关键。埃及前总统纳赛尔在《革命哲学》中阐述了阿拉伯民族主义思想体系。纳赛尔以民族主义作为阿拉伯人民进行民族民主革命的思想武器。面对帝国主义的殖民统治和封建王朝的反动统治，阿拉伯人民应当提高民族觉悟，进行民族民主革命，即进行一场反对帝国主义、反对暴君的"政治革命"，从暴君和驻扎在祖国领土上的外国军队手中恢复自己管理自己的权利。在民族民主革命以后，应当开展阿拉伯民族解放运动，即以阿拉伯民族主义摧毁所有阿拉伯民族地区的外国势力，帮助每一个阿拉伯国家进行解放运动，争取国家的独立。纳赛尔将阿拉伯民族主义视为阿拉伯人之间团结和友爱的纽带，是进行政治、社会和经济动员的一种运动和哲学，是争取阿拉伯团结、自由、完整和尊严的一场斗争。他认为，阿拉伯人之所以被帝国主义侵略和欺凌，是由于他们处于分裂或孤立的状态，一旦他们团结起来，就能够变得强大，反对任何来自外部的侵略，并最终实现阿拉伯的统一。

（3）军事实力是实现战争向和平转换的可靠保障。非洲大多数国家在争取民族独立和国家解放的斗争中，深刻地体会到军事实力在实现战争向和平转换中的重要性。1972年底，津巴布韦非洲民族联盟的游击战取得节节胜利。白人政权为了遏制游击队的发展，提出和平解决的建议。和谈还是武装斗争成为穆加贝领导的非洲民族联盟党内争论的焦点。穆加贝认为当时的情况尚不能迫使白人交权,应继续进行武装斗争。之后,游击队发展成民族解放军,给白人统治造成沉重打击。穆加贝在强调武装斗争的同时,并未放弃谈判。1979年穆加贝出席由英国主持的伦敦制宪会议,态度灵活,在独立和多数人统治的前提下做出重大让步,最终达成独立协议,津巴布韦实现了真正和平。

(4) 宽容接纳对手是实现持久和平的重要手段。1964年,尼雷尔在挫败针对自己政府的兵变后,对哗变士兵和教唆兵变领导人推翻自己政府的反对派采取了慎重和宽大的政策,没有一人被处决,极大地安定了人心,使政局迅速得到稳定。津巴布韦独立后,穆加贝对以往的敌人和竞争对手采取了务实、宽容的态度。他告诫人民不要报复白人,并严格遵守独立协议,吸收白人出任政府职位,保留白人在议会的议席。对于独立战争中摩擦不断的竞争对手——津巴布韦非洲人民联盟,他一再强调"一个国家一面旗帜,同属一个大家庭,没有什么分歧不能磋商",最终促成两党合并,组成津巴布韦非洲民族联盟-爱国阵线党。津巴布韦得以摆脱战乱,走向和平。

3. 拉丁美洲关于战争与和平转换的主要观点

18世纪末至19世纪,拉丁美洲爆发了反抗西班牙殖民统治的战争;20世纪下半叶,古巴人民在卡斯特罗的领导下,取得了反对帝国主义、争取民族独立的胜利。在斗争过程中,领导者们逐渐形成了一套有关战争与和平转换的观点和理念,其中尤以玻利瓦尔和卡斯特罗的观点最具代表性。

(1) 无原则的宽容和软弱换不来和平。玻利瓦尔在《卡塔赫纳宣言》中讲到:"那些反国家的罪行从未受到应有的惩罚……和我们不共戴天的敌人……居心叵测,留在我国就是为了使国家永无宁日……而我们的法官却始终容忍、宽恕他们，甚至在他们犯了损害公众利益的罪行时也还如此。""在这种仁慈理论的庇护下，每一个阴谋都得到了宽恕，每次宽恕都招来新的阴谋，而后又予以宽恕……多么可恶的宽宏大量啊，它只能毁灭我们还没有完全建成的机器！"玻利瓦尔认为，只有坚决地打击敌人才能尽快结束战争，赢得和平；对敌人无原则的宽容只会纵容、怂恿他们的反抗和反扑，引发无休无止的暴力和战争。

（2）强大的军队是赢得和平的保证。当委内瑞拉的政客主张"敌人进攻时所有公民都将是战士"，"希腊、罗马以及近期的北美都没有军队和相应制度"，因而坚决反对建立军队时，玻利瓦尔在《卡塔赫纳宣言》中反驳道："这种违反政治原则的错误论调只能迷惑头脑简单的人"，"那些共和国的人民和我国人民，两者所处的时代，以及各自的风俗习惯都是完全不同的"，"古代没有这类军队，那时人们把拯救国家及其荣誉的希望都寄托在国家的政治素质、严格的习俗和军事特性之上，而这些品质是我们还未具备的"，"北美是个例外，因为它同全世界和平相处，受到海洋的保护，因而近年来不必为保卫疆域和要塞而维持一支熟练的军队"。玻利瓦尔强调，没有纪律严明、训练有素且经验丰富的军队，就不足以战胜敌人，赢得和平。

（3）重建幸福与和平需要坚定有力的政府。1812年7月，刚成立一年的委内瑞拉第一共和国失败。玻利瓦尔在总结教训时认为，委内瑞拉政府的软弱是重要原因。他在《卡塔赫纳宣言》中讲到："政府必须适应它所处形势的特点、时代和它周围的人。如果一切都是繁荣而平静的，政府就应该是温和的，是保护者；但是，如果处于兵荒马乱的情况下，政府就应该坚定不移地对付面临的危险，在重建幸福与和平之前，不必拘泥于法律和宪法。"在《致巴里纳斯省省长的信》中，他再次强调："只有建立了坚强有力的中央集权政府的那些国家才是强大的，才赢得了尊重。法国和英国今天之所以能支配世界，就是因为它们的政府坚强有力，因为行动自由、办事果断的元首可以使数百万人共同保卫国家。"

（4）反对新自由主义就是反对帝国主义。卡斯特罗认为，时代的特点是从资本主义向社会主义过渡。国际形势的缓和是各国人民长期斗争的结果，丝毫不意味着帝国主义失去了侵略本性。帝国主义终将失败，新自由主义是帝国主义的最后表现形式，反对新自由主义就是反对帝国主义。新自由主义的全球化是对第三世界的再殖民化。面对单极霸权主义的危险，要生存下去，唯一可接受的方式是使世界多极化。为此，第三世界人民必须团结起来，共同斗争。

（5）没有和平就不可能有发展。拉丁美洲国家注重战争、和平、发展的辩证关系。卡斯特罗在1981年给不结盟运动成立20周年大会的贺信中指出："无发展，无和平；无和平，无发展"，并认为和平不只是大国的责任，第三世界国家也应当有话语权，承担地区责任；和平与发展紧密相连，没有发展就没有和平，没有和平就没有发展。

三、国际组织关于战争与和平转换的主要观点

（一）联合国的主要观点

联合国成立最初的首要功能是捍卫人类和平，避免世界大

战再次发生。联合国关于战争与和平转换的主要观点，集中体现在《联合国宪章》（以下简称《宪章》）及一系列决议中。《宪章》表达了使人类不再遭受战祸的决心，并为防止战争、维持和平建立起一套完整、可行的运作机制。《宪章》阐述了联合国的主要宗旨——"维持国际和平及安全；并为此目的，采取有效集体办法，以防止且消除对于和平之威胁、制止侵略行为或其他和平之破坏；并以和平方法且依正义及国际法之原则，调整或解决足以破坏和平之国际争端或情势"。[①]

1. 集体安全机制是预防世界大战的有效途径

集体安全机制是在预防世界大战的背景下产生的。在集体安全保障下，众多国家对国家安全和国际和平的集体相互保障；侵略者进攻集体安全体系中任何一个国家即被视为侵犯所有国家。集体安全有两层涵义：其一，建立稳定有效的集体安全保障体系，以集体的优势实力制止战争和侵略行为；其二，不仅保障大国的利益，而且确保弱小国家的独立主权和安全，这是集体安全能否实现的关键。

与单独安全相比，集体安全具有更高的价值：第一，提供了更有效的反侵略手段，使侵略者面临更强大的压力；第二，缓解安全困境，提高国家安全关系的透明度，减少不确定性，增强信任，缓解军备压力；第三，促进国际合作，建立更为友好、和谐的国家安全环境。集体安全思想表达了人类社会对普遍性和平的向往和追求，集体安全机制是通过国际组织实现国际和平与安全的里程碑，符合当前全球化中安全整体化的客观需要。

---

① 参见《联合国宪章》第一章第一条第一款。

2. 禁止非法使用武力即禁止一切形式的侵略战争

《宪章》规定："各会员国在其国际关系上不得使用威胁或武力，或以与联合国宗旨不符之任何其他方法，侵害任何会员国或国家之领土完整或政治独立。"① 据此规定，国家在国际关系上使用武力时不能再不宣而战，或以所从事的不是战争为借口来逃避罪责。这实质上是禁止一切形式的侵略战争。

根据《宪章》相关规定，可以使用武力的情况有两种：一是当一国受到侵略时，可以行使自卫权，使用武力；二是为了维护世界和平，在得到联合国安理会的授权后可以使用武力。在法律上禁止非法使用武力，虽不能杜绝战争和武装冲突的发生，但也能发挥一定的维护国际和平的功能，具有积极的意义。

3. 和平解决国际争端

和平解决国际争端是指国家之间在交往和合作过程中，一旦发生争执或纠纷，"各会员国应以和平方法解决其国际争端，避免危及国际和平、安全及正义"。② 当事国应当且必须以和平的方法来解决争端，禁止任何使用武力或武力威胁的方法，其主要包括以下几个方面：各国应以谈判、调查、调停、和解、公断、司法解决、区域机关或办法的利用，或其所选择的他种和平方法寻求国际争端的早日及公平解决；争端各当事方遇未能以上述任一和平方法达成解决的情形时，有义务继续以其所商定的他种和平方法寻求争端的解决；国际争端各当事国及其他国家应避免从事足以使情势恶化致危及国际和平与安全的维

---

① 参见《联合国宪章》第一章第二条第四款。
② 参见《联合国宪章》第一章第二条第三款。

持的任何行动，并应依照联合国的宗旨与原则而行动；各国对其本国为当事一方的现有或未来争端所自由议定解决程序，其采用或接受不得视为与主权平等不合。

（二）地区组织的主要观点

1. 上海合作组织

上海合作组织（以下简称上合组织）是一个永久性政府间国际组织，成立于2001年，其宗旨是加强各成员国之间的相互信任与睦邻友好，共同致力于维护和保障地区的和平、安全与稳定。其有关战争与和平转换的主要观点体现在以下三个方面。

（1）"三股势力"是地区和平的重大威胁。上合组织认为，当前非传统安全威胁上升，与传统安全热点问题交织叠加，成为影响国际安全和稳定的突出因素；"三股势力"打着民族、宗教的幌子，煽动民族仇恨，制造宗教狂热，鼓吹对"异教徒"进行"圣战"，大搞暴力恐怖活动，残杀无辜，挑起暴乱骚乱，对地区和平稳定构成重大威胁。安全合作是上合组织的重点合作领域，核心是打击"三股势力"。2001年6月，上合组织成员国签署《打击恐怖主义、分裂主义和极端主义上海公约》，在国际上首次对"三股势力"作了明确定义，并提出成员国合作打击的具体方向、方式及原则。上合组织由此成为最早打出反恐旗帜的国际组织之一。

（2）支持全球稳定和管控武器的原则和机制。上合组织支持维护和加强现有支持全球稳定和管控武器的原则和机制，将继续在裁军、军控、核不扩散、和平利用核能领域开展合作，通过政治外交手段应对核不扩散体系面临的全球和地区挑战。上合组织认为，个别国家或国家集团单方面不受限制地加强全球反导系统将危害国际安全与稳定，是以损害其他国家安全为代价保障自身安全。上合组织支持防止外空武器化，呼吁《禁止化学武器公约》各缔约方全面履行公约，使其成为裁军和防扩散领域的有效机制，强调尽快销毁所有已宣布的库存化学武器十分重要。

（3）尽早解决阿富汗问题实现地区和平。上合组织认为，阿富汗问题严重影响地区和平与安全，尽快解决阿富汗问题是维护和巩固上合组织地区安全与稳定的重要因素之一，政治对话和"阿人主导，阿人所有"的包容性和解进程是解决阿富汗问题的唯一出路。有关各方和国际组织应在联合国中心协调作用下加强合作，实现该国稳定与发展。阿富汗的毒品和跨国犯罪问题严重威胁国际和地区安全与稳定，有关国家、国际和地区组织及机构应深化合作，共同应对。

2. 非洲联盟

非洲联盟（以下简称非盟，其前身是1963年成立的非洲统一组织）是非洲大陆的国家联盟，是集政治、经济、军事于一体的全洲性政治实体，最终目标是建立非洲合众国，实现非洲的统一。自成立以来，非盟形成了丰富的战争与和平转换的思想内容。

（1）消除战争，缔造和平，必须根除殖民主义。非盟（非洲统一组织）认为，殖民主义以及与之伴随而来的种族歧视政策和种族隔离制度是非洲冲突、矛盾的根源，也是实现非洲安全、稳定的最大障碍。只有从非洲根除一切形式的殖民主义，才能使非洲免除战乱威胁，才能在非洲实现永久的和平。

非洲统一组织将"从非洲根除一切形式的殖民主义"作为宗旨,将"帮助非洲实现完全的解放"作为重要原则,在铲除殖民主义、结束种族歧视和种族隔离政策等方面发挥了重要作用。

(2) 防止战争,维护和平,必须反对外来干涉。外部势力的挑拨、干涉是非洲战乱不断的主要原因之一。非洲统一组织树立了反对外来势力干涉、确立边界不可改变的原则。非洲统一组织不仅调停非洲国家的边界争端,而且在新老殖民主义者、帝国主义者和霸权主义者对非洲新独立国家进行干涉时积极发声,最大限度维护了新兴国家的主权和独立。在1978年第15届国家元首和政府首脑会议上,非洲统一组织继续将反对外来干涉作为主要议题,并于1979年成立非洲统一组织防御部队,作为抗击外来干预的主要武装力量。

(3) 协调解决内部纠纷和冲突,是实现非洲和平的重要手段。维护非洲国家间的团结,推动非洲国家间的合作,是解决纠纷、消除矛盾、避免战争、维持和平的重要途径。"促进非洲国家的统一和团结"是非洲统一组织的首要任务。成立伊始,非洲统一组织就将"尊重各成员国主权和领土完整"作为重要原则,宣布所有成员国保证尊重它们取得民族独立时存在的边界,杜绝了殖民者在殖民时期肆意划分边界带来的争端,为非洲大陆来之不易的和平奠定了基础。非盟继承了非洲统一组织的目标,制定了共同的防卫政策,规定成员国之间和平相处,和平解决成员国之间的冲突,禁止使用武力或者武力威胁。

(4) 为实现非洲的持久和平,非盟应发挥更加积极主动的作用。非盟认为,"不干涉各国内政"原则严重削弱了解决冲突和维护和平的能力；只有发挥更加积极主动的作用，才能有效维持非洲的和平、安全和稳定。为此，非盟采取预防性外交维护和平，必要时对成员国实施军事干预与维和行动。虽然《非盟章程》规定"任何成员国不得干涉另一成员国的内政"，但也规定在成员国出现战争、种族屠杀和反人类罪行的危急形势下，可以对其进行干预；为了恢复和平与安全，成员国也有权请求联盟干预以维护和平与安全。这样，非盟可以对战争罪行、屠杀罪行、反人道罪行、非法攫取政权行为以及因一国国内不稳定导致难民外流、叛乱分子侵扰和其他殃及邻国的行为进行干预。

3. 欧洲联盟

欧洲联盟（以下简称欧盟）是欧洲区域性经济合作组织，成立于1993年，其前身是欧洲共同体。欧盟在促进欧洲一体化进程中，也形成了诸多有关战争与和平的观点，这些理论观点，有效地推动了欧洲地区在第二次世界大战后数十年的和平发展。

（1）维持和平是欧洲联合和一体化的首要动因。长期以来，欧洲一直将联合和一体化作为维持和平的重要途径。15世纪，奥斯曼帝国崛起，欧洲国家开始考虑通过联合来抵御外来威胁。此外，从15世纪后半叶起，欧洲开始出现民族国家，战争连绵不断。欧洲的思想家和政治家开始探索避免战争、维持和平的方式和途径。经历了数百年的战乱后，越来越多的欧洲人相信，只有通过欧洲的联合和一体化，才能使欧洲从分裂、混乱和战争状态走向和平与秩序。

（2）战争威胁始终存在但和平不是必然。2019年，时任欧盟委员会主席的让－克劳德·容克发表演说，认为和平并非必然之事，战争也非遥不可及；民族主义和民粹主义甚嚣尘上，应该竭尽全力与之斗争，打败那些打着新世界幌子以给人虚假希望的人；在全球化背景下，欧洲无法独自维护其利益和价值观，且随着社会内部和国家间分歧加深，越来越有必要展开合作；通过与世界各地的朋友合作，欧盟成员国的抗风险能力，无论是在个体还是集体意义上，都将得到强化。他还认为，欧洲必须展现出对妥协和共识的坚守，而非对强人政治的推崇。

（3）欧洲防务一体化对维护欧洲和平与安全至关重要。欧盟相信，为确保自身的和平与安全，欧洲要在安全上实现战略自主，防务一体化不可缺少。以往，欧洲安全过度依赖美国。从长远看，这样是无法维持长久和平与安全的。随着特朗普政府从欧洲撤离部分军队，欧洲的防务弱点开始显露。欧盟应减少对美国的依赖，增加军费开支，填补美国撤军后留下的真空，逐步承担起自身的防务，并在地区热点问题上发挥重要作用。

（4）及时介入方能有效阻止战争冲突的升级，结束战争冲突。欧盟认为，及时果断介入战争方能阻止战争升级，进而尽快结束战争。20世纪90年代巴尔干地区的冲突给予欧盟发展共同外交与安全政策强大的动力。欧盟在冲突之初未能及时反应，而联合国维和部队无法阻止发生在波黑的斯雷布雷尼察屠杀。最后北约介入战争，迫使战争双方坐上谈判桌。1999年3月，科索沃战争爆发。有了前车之鉴，欧盟表现更加积极，希望发挥卓有成效的作用，于是北约强力介入科索沃与南联盟的冲突，并最终迫使南联盟从科索沃撤军。

4. 阿拉伯国家联盟

阿拉伯国家联盟（以下简称阿盟）成立于1945年，宗旨是密切成员国间的合作关系，协调彼此间的政治活动，捍卫阿拉伯国家的独立和主权，成员国之间的争端不得诉诸武力解决。

（1）"不承认、不谈判、不和解"成为处理阿以（色列）关系基本原则。1967年，阿盟确立了对以色列的"不承认、不谈判、不和解"原则，并强调巴勒斯坦解放组织是巴勒斯坦人民的唯一合法代表。阿盟强调不允许阿拉伯任何一方或几方单独谋求解决阿以冲突，因此谴责戴维营协议，反对埃及和以色列签订和约。1982年9月，阿盟通过了解决巴勒斯坦和中东问题的八项原则，在坚持以色列撤出1967年占领的阿拉伯领土、保证巴勒斯坦人民合法权利的同时，含蓄地承认了以色列的存在，为实现中东和平奠定了基础。2019年3月，阿盟通过《突尼斯宣言》，重申巴勒斯坦问题是阿拉伯民族核心问题，坚持阿拉伯和平倡议和"两国方案"，强调戈兰高地是叙利亚被占领土。

（2）叙利亚局势对地区安全和平影响巨大。叙利亚爆发内战后，阿盟中止了叙利亚的成员国资格，对叙利亚进行经济与政治制裁，以迫使叙利亚政府全面接受阿盟的倡议。阿盟谴责叙利亚政府军对叙利亚人民滥用暴力，强调将政治解决作为处理叙利亚问题的优先选项，各成员国有权向叙利亚反对派提供包括武力在内的自卫手段。随着叙利亚政府军逐渐占据主动，叙利亚国内安全形势日益好转，阿盟与叙利亚关系亦开始改善，2023年叙利亚重返阿盟。

5. 东南亚国家联盟

东南亚国家联盟（以下简称东盟）成立于 1967 年，是东南亚地区以经济合作为基础的政治、经济、安全一体化合作组织。东盟的宗旨和目标是本着平等与合作精神，共同促进本地区经济增长、社会进步和文化发展，为建立一个繁荣、和平的东南亚国家共同体奠定基础，以促进本地区的和平与稳定。东盟成立之初只是个保卫自己安全利益及与西方保持战略关系的联盟，其活动仅限于探讨经济、文化等方面的合作。后来，东盟各国加强了政治、经济和军事领域的合作。

2007 年 11 月签署的《东盟宪章》确定的与安全相关的目标包括：维护和促进地区和平、安全和稳定，并进一步强化以和平为导向的价值观；通过加强政治、安全、经济和社会文化合作，提升地区活力；维护东南亚的无核武器区地位，杜绝大规模杀伤性武器；确保东盟人民和成员国与世界和平相处，生活于公正、民主与和谐的环境中；根据全面安全的原则，对各种形式的威胁、跨国犯罪和跨境挑战做出有效反应等。

第 三 章

战争与和平转换特点与规律

尽管战争与和平转换处于动态发展的过程，但转换过程会在制约因素的演变、主动性与被动性的关系、作战样式的发展变化、国际和地区组织作用等方面表现出诸多特点。战争与和平转换在战争根源、参战各方实力较量、利益划分、综合手段运用、战争意志强弱等方面也存在一定的规律性，值得深入分析研究。

一、当代战争与和平转换的主要特点

当前国际形势正在经历深刻变化，和平与发展虽然是时代主题，但在全球范围内局部战争此起彼伏，有的地区始终处于冷和平状态。特别是2022年俄乌冲突以来，大国竞争背景下战争与和平的相互转换呈现出诸多新情况、新特点。

（一）制约因素多元，制约力度加强

随着经济、政治、外交和科技的加速推进，全球化和区域一体化进程不断提速，导致国家之间、国家与国际组织之间、国家行为体与非国家行为体之间、各社会领域之间相互影响、相互依存关系更加广泛深入。发动、实施、结束战争，推进和维持和平已经不再是某一个国家或国家集团的事，而是事关世界和地区安全的事，需要受到国内外、域内外各种因素的多元化影响和制约。国家或政治集团的政治目标，受制于其经济实力、军事实力，既要考虑双方力量对比，又要考虑外部力量的干预；既受到经济利益因素支配，又受到国际法和国际道义的约束；既受领土争端、民族宗教矛盾等现实问题左右，又受历史文化传统影响；既要考虑领导人的个人性格、施政理念，又要考虑民众的诉求和呼声；此外，还要考虑地缘政治、意识形态、国际舆论等因素。

与此同时，现代战争越来越复杂多变。以往影响战争与和平转换的因素主要表现在政治、军事、经济、外交等传统领域，科技进步虽占据重要地位，但尚未达到能决定战争结果的程度。随着空间技术、网络技术、无人化科技、智能化科技、新媒体技术等的迅猛发展，元宇宙等虚拟与现实相结合概念的出现，技术因素在未来战争中发挥的作用越来越大，甚至会决定未来战争的走向和结局。而且这些新因素还会导致很多"灰色地带"的出现，如无人机跨境打击、通过网络舆论策动颠覆政权活动、智能化机器人实施攻击等，这些都难以确定责任方或敌人，由此又带来国际法层面的诸多问题。

各因素之间的相互制约性越发显著。在核恐怖态势成为大国间战争的有效制约因素的同时，还有部分中小国家在探索发展核技术、核武器，试图取得核威慑能力和国际认可的核地位。大国与中小国家围绕核武器形成的博弈没有得到根本缓解。世界政治多极化使各方力量相互掣肘，经济发展虽局部存在去全球化趋势，但经济合作共存依然是大方向，各国利益联系更加紧密。经济或金融手段可以获取巨大利益，这就极大约束了战争的趋利性目的。各国在发展和交往中积累的矛盾，促使双方或多方通过各种渠道，表达立场，减少误判，以便控制矛盾。战争爆发后，对抗双方或多方也会立足各自的利益需求展开政治和外交对话，外部力量也会进行斡旋协调，以寻求政治解决危机的渠道；或一方给对方施加一定的政治、经济或军事压力，迫使对方放弃对抗，化解危机。由于信息化的快速发展，战争系统各部分之间的联系日益紧密、作用相互交织，影响关系大多是非线性的，蝴蝶效应越发凸显，微小的变化也会影响到整个战争体系。网络化作战和网络化组织使指挥体制和指挥方法发生了根本性变化，从而导致整个战争系统不再是层次化的，而是网络化的。例如，战争中出现的人道主义危机会造成网络舆情，参战各方都将受到全球舆论的影响，双方会限定战争的破坏强度，使战争在可控范围内进行，并在最短时间内、最有利的时机条件下结束战争。国际组织和有关国家会积极斡旋协调，世界反战力量也会举行各种活动，这些都是促进战争向和平转换的重要推力。

（二）转换的主动性下降，被动性增强

战争与和平转换，作为人类社会的一种社会实践活动，是

一种主观性与客观性紧密结合的实践活动,是双方决策者根据各自的政治经济目的、矛盾冲突性质,以及双方的实际情况和民众意愿等做出的战略选择。作为不同的行为主体,有主动与被动之分。认清转换的主动性与被动性,可以更好地理解和把握战争与和平转换的性质和过程。

冷战后世界局部安全形势逐渐好转,局部战争爆发的频率总体呈现下降趋势,特别是国家间战争明显减少。由此可见,国家主动发起战争的意愿有所下降,主要因为在当前的条件下,依靠彻底消灭对方、绝对战胜对手来完成战争向和平的转换,已经不符合时代发展的现实情况,也很难达成既定战略目标,因此非战争手段成为更多国家的战略选择。而且大国介入是很多战争爆发的主要原因和幕后推手,多数情况下作为代理人的参战方想主动实现战争与和平的转换较为困难,凸显出参战方受制于大国的被动性。

被动转换是指对抗双方中的一方,根据本方实际权衡利弊得失,并不想通过战争手段解决问题,或是战争发起后并不想那么快结束战争,但由于另一方执意推动转换,其不得不被动接受的情况。有的是一方虽然实力占据优势,但是在旷日持久的消耗性战争面前,难以承担战争带来的国际和国内负面效果,而不得不被动结束战争。例如,阿富汗战争在主要战事结束、成立过渡政府之后,美国希望尽快结束战争,但阿富汗塔利班组织却通过游击战术、恐怖袭击等手段,不间断地向美军发动袭击,美军又无法彻底消灭这些反美武装,于是双方陷入长期的拉锯战,将美国拖入了战争泥潭。经过20年的消耗后,美国不得不宣布撤出阿富汗,被动结束战争。

还存在另一种比较常见的被动实现战争与和平转换的情

况。在综合实力对抗中，失败的一方在无法挽回败局的情况下，只能被动接受胜利方提出的和平条件。例如，伊拉克战争中的伊方，在遭受美英等国的联军打击之后，部队溃散，在短时间内就失去还击的能力，甚至连国家元首也被美军抓获，如果战争再进行下去，就会面临亡国灭种的危险，因此，伊拉克被动接受美国提出的停战条件，实现战争与和平转换。

（三）战争制胜机理变化大，转换方式调整明显

世界政治、经济、军事和科技持续加速发展，战争的形态和作战方式也随之发生了较大变化，正从机械化战争、信息化战争向混合战争、无人化战争、智能化战争转化，作战样式、方式、手段越来越多样化。过去通过大规模战争才能实现的战略目标，现在只需要小规模冲突引发连锁反应即可达成目的。比如，随着互联网和新媒体的发展，网络舆论也成为导致战争与和平转化的重要因素。2010年12月17日，突尼斯街头一个售卖水果的青年，因抗议执法人员粗暴执法，自焚身亡，美欧等国利用网络引导社会舆论，目标直指突尼斯政府，引发流血冲突，同时波及阿拉伯世界。这一事件使以美国为代表的西方国家加强了对阿拉伯世界的影响。在新媒体的推动下，相关国家很快由和平状态进入大规模冲突状态，并且在地区范围内引发连锁反应。当战争或冲突发生之后，掌握战争或冲突进程的国家或利益集团会控制战争范围和进程，使之在达到自身利益目标后随即转换为和平状态。再比如，随着无人化、智能化高科技在武器装备领域的发展与运用，无人化战争形态越来越明显。2020年9月，亚美尼亚和阿塞拜疆在争议的领土纳卡地区

爆发战争，此战中拥有智能化无人机作战体系的阿塞拜疆取得战场优势，为迅速赢得战争、争取战争向和平转换打下基础。

（四）各种安全机制日益完善，国际组织作用日益重要

维护世界的和平与发展是国际社会的共同目标。但和平是否能够得到守护，战争是否会爆发，国际和地区组织的作用是一个重要变量。

国际和地区组织可以成为维护和平的关键变量。国际社会相互依存度提升，要合作不要对抗，要和平不要战争，已经成为世界多数国家共识，但也有少数国家逆势而动，暗中挑拨国际矛盾，对他国内政横加干涉，蓄意挑起战争，从中渔利。在危机潜伏或战争发起后，反对战争的国际力量和支持战争的国际力量孰强孰弱，直接左右着转换的方向和进程。反对战争的国际力量通常会利用已建立的集体安全、大国协调和合作安全等安全机制，注重超前预防，尽力在平时化解矛盾，消除滋生战争的隐患。例如，联合国积极推进国际裁军和军备控制，有力防止了大规模杀伤性武器扩散，降低了核冲突的风险。随着战争威胁由传统安全领域向非传统安全领域蔓延，联合国和地区安全组织通过健全机构、完善法规、资源共享、联合执法、技术合作等手段，对经济安全、金融安全、信息安全、生态安全、资源安全、恐怖主义、跨国犯罪、走私贩毒等进行有效管控，有效地消除了战争危险。

战争与和平转换是在各种力量激烈角逐中进行的，转换进程曲折复杂，呈现出内部驱动与外部驱动、可控性与不可控性相统一的鲜明特征。在战争与和平转换进程中，虽然内部因素

是决定转换的根本因素，但是不断增强的外部因素对转换进程的影响和制约也越来越大，甚至关系到能否实现转换。转换发起后，从出现危机、危机升级、战争爆发，到军事对抗前景明朗，再到和平谈判，最后到战争结束，反战与支战力量会在国际和地区组织内持续展开博弈。危机发生后，两种国际力量通过政治对话、外交斡旋、多边协商，以及在军事、经济制裁和军事威慑的各个环节中展开博弈，一方积极争取对抗双方以和平的方式化解危机，另一方则坚持强硬立场，不留余地，不计后果。战争发起后，反战国际力量会注重加强战争控制，借助国际和地区组织建立和疏通和平渠道，支战力量则会通过各种方式支持参战的一方。在战争结果相对明朗后，反战国际力量会加大外交斡旋力度，适时提出和平倡议和条件，协调或主导和平谈判，对希望继续战争的一方实施更加严厉的军事、经济制裁，推动战争尽快结束。如果反战力量能够占据上风，则能有效制止战争，或加速战争的结束，回归和平。

二、当代战争与和平转换的规律

每一次战争与和平的转换都有其独特的历史背景、特征特点，但将当代战争与和平转换作为一个整体考察，可以发现战争的动因、过程、形式、转换各个环节存在一定的规律性。厘清转换过程中存在的必然联系，是研究探讨当代战争与和平转换机理的核心。

（一）从政治属性看，霸权主义强权政治是当代战争的主要根源

马克思、恩格斯认为，从战争根源看，私有制和阶级是战争的一般根源。从历史发展的角度，私有制和阶级的具体社会形态是不断发展的，战争根源也随之有不同的表现形式。当资本主义进入到了帝国主义阶段，列宁作出了"帝国主义是现代战争的根源"的论断。第二次世界大战之后，霸权主义成为世界和平的最大威胁，邓小平指出："因为霸权主义者有疯狂性，不知道他们在什么地方制造一件什么小事情，就可能挑起战争。"[①] 霸权主义国家经常以各种借口染指国际事务，干涉他国内政。冷战后发生的局部战争和重大武装冲突，都与霸权主义有或多或少的关联。因此，霸权主义，特别是政治霸权主义是引发当代战争与和平转换的主要根源。

1. 霸权主义引发战争冲突并制约战争与和平转换

战争是政治的继续。有什么样的政治目标就有什么样的战略选择。奉行强权政治、霸权政策和帝国主义路线的国家，为达到其战略目标通常会采用多种手段，发动战争是其选项之一。当其利益诉求被完全或部分满足时，才会选择适时结束战争。霸权主义国家如果不断从战争中受益，就会继续其侵略扩张政策，以维护和平之名行统治全球之实，充当"国际警察"，对战略要地、资源要地、能源通道严密监控，维持其在世界范围内的霸权和优势地位，以及其所谓的"规则""秩序"。当其战略利益受到损失时，战争往往是其工具箱里一个重要的选

[①] 《邓小平文选》第1卷，人民出版社1994年版，第77页。

项。霸权主义国家为维护其世界或地区霸权，除了自己直接发动战争，还会寻找一切可以利用的机会，蓄意挑起危机争端，或者发动代理人战争，采取何种方式取决于利害关系、自身力量和对手强弱。事关切身利益的当仁不让、亲自操刀，不易露面的便隐藏在幕后，煽风点火、暗中支持，以期渔翁之利。为了达到目的，其有时甚至在没有得到联合国授权的情况下就发动战争。霸权主义不会轻易消失，还将长期存在，因此由霸权主义引发的战争或代理人战争短时间内不会绝迹。

2. 强行推广西方民主价值观并导致战争与和平转换

霸权主义国家习惯于在世界范围内推广西式民主。当代最为显著的例子是塞缪尔·亨廷顿的"文明冲突论"。他提出"文明之间的断层线正在变成全球政治冲突的中心地带"，"西方的生存有赖于美国人重新肯定他们的西方认同，以及西方人把他们的文明看作是独特的而非普世的，团结一致对付来自非西方社会的挑战"。他们打着"民主""自由"旗号，对某些国家发动战争，不仅不能给这些国家带来和平，反而使这些国家陷入内部战乱之中。霸权主义国家依靠强大的军事实力，在战争期间能够快速取得军事胜利，强行改变某些国家的上层政治架构，建立依附政权为己所用，同时利用和扩大各类矛盾，挑动各派势力相互厮杀，这些国家通常都会陷入混乱。例如，西方国家一直以来希望在中东地区推行所谓的西方民主模式，但是中东的战乱始终没有结束，有些矛盾反而被进一步激化。西亚北非地区陷入动荡后，原有的平衡状态被打破，有的国家发生了政权更迭，有的国家依然处于战乱之中，西方所谓的民主模式并没有给这些国家带来预期的和平与发展。

（二）从力量维度看，综合国力是战争与和平转换的主导力量

如果说过去的战争更多是对抗双方或多方军事实力的较量，那么当代战争则是国家综合实力的角逐。高技术战场在多维多域展开，战争消耗巨大，毁伤严重，战争成本空前提升。战争不再是简单的军事对抗，而是转变为包括政治、经济、军事等在内的综合国力对抗。因此，综合国力成为当代战争与和平转换的重要支撑，谁占据了综合实力优势，谁就更有资格决定战争与和平的走向。

1. 力量发展失衡造成战争与和平转换

当代战争是综合国力的全面对决，要想制止战争、维护和平，必须做好各方面的准备，提升国家综合实力。要想赢得战争、恢复和平，也需要发挥综合国力的威力。如果单纯注重提高经济实力或军事实力，则会陷于被动，甚至招致失败。例如冷战时期的苏联，只强调了军事力量的提升，穷兵黩武，忽视了经济发展，在两极争霸中最终败下阵来。相反，如果只注重提高经济实力，而忽视军事实力，则往往会招致强敌来犯、任人宰割。例如中国的清朝，GDP 总量居世界前列，但军队腐朽落后，不堪一击，最后国家沦为半殖民地半封建社会。再如科威特虽然国力雄厚，但军队建设却相当滞后，不仅数量规模小，而且没有自己的武器装备，几乎全部靠进口，结果在伊拉克发动入侵时很快沦陷。

2. 国力军力优劣引发战争与和平转换

能够在战争中取得优势的一方往往离不开综合实力的有力支撑，而有些国家能够有效维护和平稳定，也得益于综合实力

的大幅提升。在追逐霸权的道路上，有的国家之所以动辄对他国诉诸武力，就是拥有无可匹敌的强大综合实力和众多追随者保驾护航。某些国家借助经济全球化，大搞垄断资本扩张，拉大了与多数发展中国家的距离，牢牢占据世界经济霸主地位；依靠技术优势，引领世界新军事变革，研发世界一流武器装备，打造天军、网军等新型作战力量，建成了一支实力超群的军队；利用稳定的发展环境，形成了成熟的政治运作模式和价值体系，把持国际规则的制定权和国际舆论的话语权，广结政治、军事盟友，形成了对发展中国家的政治、外交、文化优势。例如，1982年，英国不顾国际社会的调解，跨越万里海疆，组织远洋舰队开赴南大西洋，到阿根廷家门口的马尔维纳斯群岛与对方开战，这实质上表现出其对自身国力和军事实力优势的自信，而战争结果也反映了这种实力差距。

3. 力量变化影响战争与和平转换

经济状况是战争的物质基础。各国在不断的发展变化之中，彼此之间发生战争的风险程度以及争取和平的力量也在改变。从冷战后历次战争与和平的转换来看，一个鲜明的规律就是，如果霸权国家经济繁荣，实力猛增，就容易挑起战争，如果经济衰退，实力下降，就不会轻易动用军事手段；如果和平国家经济繁荣，减少了与霸权国家的差距，就会更加安全，如果经济下滑，实力下降，拉大了与霸权国家的差距，则可能招致强敌来犯。例如，美国赢得了冷战，实现了连续10年的经济繁荣，拉大了与多数发展中国家的差距，力量的提升使美国野心膨胀，冷战后发动多次战争，将动用武力解决问题作为优先选择。

（三）从战略考量看，利益始终是战争与和平转换的根本推动力

经历了经济全球化的快速发展和多次经济危机之后，世界经济格局也发生了重要变化，世界经济中心和战略重心东移趋势明显。经济发展产生的相互依存既拉近了世界的距离，密切了各国的关系，减少了发生战争冲突的可能，也滋生了利益矛盾，扩大了贫富差距，对全球安全稳定带来深远影响。在处理各种利益矛盾纠纷时，各国普遍坚持国家利益至上原则。正如孙子所讲："非利不动，非得不用，非危不战。"因此，在合作与竞争并存的时代背景下，追求和保持发展与安全利益，成为当代战争与和平转换的根本主导。

1. 利益角逐引发战争与和平转换

利益在很大程度上是导致战争的决定因素。在和平与发展的时代主题下，世界各国关注的焦点是能否获得更大发展利益。发展利益之争越来越成为影响世界和平稳定的核心要素。利益矛盾激化，则战争发起，利益矛盾消解，则战争结束。拿破仑就曾说"战争就是钱，钱，钱"。发展利益之争突出表现在对发展资源、能源通道的争夺上，一些国家为占据更多的发展资源，不惜动用武力，致使战争时有发生，这成为当代战争的重要原因。例如，伊拉克对科威特悍然发动军事入侵就是为了占据该国丰富的石油资源。而美国这样的西方发达国家为保护能源供应不受影响，攫取更多的发展资源，更是在世界各地建立前沿基地，部署军事力量，积极介入热点地区，随时为即将到来的战争做好准备。一些发展中国家之间，也会因资源之争频起战端。例如，苏丹与南苏丹之间的局部战争，也源于对

争议领土的资源争夺。而一旦利益矛盾得到消解或形成某种平衡，战争就会结束。

2. 利益融合控制战争与和平转换

经济全球化深化了各国间的相互依存程度，加强合作、共同发展已经成为大趋势。各国经济联系日益紧密，一些国家在经济上已经形成你中有我，我中有你的关系，利益相互融合，逐步形成了共同的利益链条。利益的融合使各国一荣共荣，一损俱损，一旦发生战事不仅会伤害对方，也会损害自身的利益，而且融合度越深，给彼此造成的损害越大。因此，利益融合很深的国家，在处理相互之间矛盾纠纷时，更倾向于采取和平方式解决问题。在迫不得已动用武力时，也会更加严格地控制战争发起的目的、规模、手段和范围，以尽快结束战争，将损失降到最低。例如，西方发达国家在经济全球化中受益最多，相互之间融合也最深，如果彼此发生战争最终只会两败俱伤。因此，尽管发达国家之间时而也会出现摩擦，但彼此会通过协商迅速化解，这也是发达国家之间较少发生战争的重要原因。近年来，中国坚持睦邻、安邻、富邻的周边外交方针，加深了与周边国家的利益融合。

3. 利益不均促发战争与和平转换

《论语》在谈及国家和家庭时讲到"不患寡而患不均"，在世界上也是如此。在经济全球化的过程中，发达国家依靠强大的经济实力和对世界经济规则的制定权，占据优势地位，获益远远大于多数处于从属地位、经济基础薄弱的发展中国家，最终导致世界发展严重失衡，贫富差距越来越大，"全球化导致国际国内社会两极分化"①。这种发展不平衡导致的利益分配不均,必然导致国家之间的矛盾冲突加剧,进而增加战争的风险。同样,如果一个国家内部的政策、制度有失公允,不能确保各方面的利益,区域发展就会不平衡,容易引发内部的动荡,甚至内战,如北爱尔兰冲突、卢旺达内战等。而利益受损的往往是弱势一方,其通过常规手段一般难以获胜,于是非常规手段、恐怖主义成为危及当代世界和平稳定的新形式。例如,有的国家奉行基于宗教、种族的歧视性政策,致使其在经济全球化进程中被边缘化,国家经济发展缓慢,人民生活水平长期得不到提高,矛盾不断积累乃至激化。

(四) 从实现方式看,综合手段是推动战争与和平转换的主要方法

鉴于战争与和平状态受到政治、经济、军事、文化等多种因素的影响和制约,推动战争与和平的转换也必然需要多种手段的综合运用,而非单纯的军事手段,在某些战争或战争的某些阶段,政治、外交、经济、舆论等手段发挥的作用甚至要超过军事手段。因此,综合运用军事与非军事手段推动当代战争与和平转换已经成为各国的基本共识。

1. 选好战争与和平转换的工具箱

在推进当代战争与和平转换进程中,要根据自身优势、全局形势、对象特点、时间空间等情况,灵活选择所需要使用的方法,尽快达成自身控制战争或打赢战争的目标。比较常见的

---

① 阎学通等:《构建天下有治的国际体系》,社会科学文献出版社2012年版,第100页。

方法有政治对话、外交调解、经济制裁、军事威慑、军事打击、舆论打压、和平谈判等。政治对话一般是在矛盾酝酿阶段，双方的矛盾尚未被激化，此时可以通过双边或多边的政治对话进行沟通协调，管控危机，避免局势恶化。外交调解是在危机发生后，相关的国家和国际组织为缓解当事双方的矛盾主动或应邀出面而展开的外交活动。有外交资源的可展开密集外交，以壮大己方阵营，分化瓦解敌方阵营。经济制裁是有经济实力的一方可采取经济制裁手段，迫使对手因经济原因而放弃或减少政治、外交、军事方面的诉求。军事威慑是在危机升级时，一方采取军事手段向对方施加压力，让对方意识到走向战争会带来更大的损失，从而"不战而屈人之兵"。军事打击是在战争爆发后，军事对抗成为主要活动，此时以陆海空天电等领域的军事手段为主。随着媒体的快速发展，舆论宣传战越来越成为战争的一种重要方式。拥有话语权优势的一方可加大舆论宣传力度，营造有利于己的舆论氛围，为赢得战争、实现和平创造有利的舆论环境。和平谈判是双方为争取结束战争而进行的谈判。在此过程中，既要诚心诚意进行谈判，也不能放弃其他手段的密切配合，可采取谈打结合的方式，并予以适当的经济、军事制裁。在战争即将结束时，虽然双方已经停战，但依然需要军事与非军事手段并用，可采取保持军事威慑、搞好利益分配、恢复战后秩序、建立和平机制、实施战后重建等手段，以防止战火又起。

2. 运用多种手段控制转换进程

当代战争基本上是一种敌对双方全领域的整体性对抗，既要看军事实力，更要看综合国力；既要看战争手段，又要看非战争手段。多种手段相辅相成，共同作用于战争与和平转换的全过程。从伊拉克战争、叙利亚战争等多场局部战争可以看出，战前策动战争的一方会通过联合国或区域组织发布一系列对对手的道义谴责、经济制裁决议，争取获得动武的授权。新闻媒体和外交舞台会变成两大战场，双方都会加大舆论宣传和国际交往力度，力图得到更多来自国际社会的声援和支持，甚至是结成政治军事联盟。与此同时，战争双方会频繁调动部队、飞机、舰艇等军事力量，形成具有威慑或防御能力的军事部署，组织临战训练和演习等。这些相互辅助的军事与非军事手段为战争发起创造了有利条件和时机。战争发起后，双方更是多管齐下，强势一方在军事打击的同时，继续加大军事、经济制裁力度，实施严密的海上和空中封锁，使对方陷入孤立无援境地；同时开展心理战、舆论战，瓦解敌军士气或混淆视听，造成混乱；在军事上取得决定性胜利后，强势一方会积极展开会谈协商，推动联合国或区域组织通过停火决议，适时主动结束战争。弱势一方在积极应战的同时，还会使用一些非常规军事手段进行反击，另外也会尽量利用媒体、外交等手段争取国际社会的支援，将战争的损失降到最低。

3. 把握时机和机遇促使有利转换

适时主动结束战争对于防止战争扩大和升级作用极大。在对待战争与和平问题上，要清醒做出合理抉择以应对各种可能出现的局面，如何把握战争结束的时机是实现战争与和平转换的重要环节。如果对时机把握不准，错过最佳时机或时机不成熟，必然会陷入被动，遭受严重损失。有的国家具有强大的军事实力，崇尚武力，妄图以军事手段解决一切问题，却忽视对政治、经济等非军事手段的使用，致使自身深陷战争泥潭，难以自拔。如在越南战争、阿富汗战争、伊拉克战争中，美国等西方国家很快就在战争初期取得了军事上的胜利,但是其过度使用军事手段,未能及时结束战争,导致自身遭受重大损失。在错失了最佳时机后,只能以和谈、威慑、制裁等手段换取和平的机会,不注重解决民族、部族、各政治派别之间深层次矛盾问题,导致战争"后遗症"严重且持续时间长。有的国家过分依赖非军事手段的作用,希望仅仅通过外交努力,借助联合国和国际社会的同情阻止战争,有时甚至无条件接受对方的无理要求,一让再让,没有抓住时机进行适当的军事斗争准备,最后反而招致更大的战争打击甚至整个国家被入侵,比如伊拉克、利比亚等。

(五)从精神层面看,战争意志是战争与和平转换的强大精神力量

随着经济和科技发展,各国经济实力、军事实力不断增强,为未来战争奠定了强大的物质条件。但随着对战争的认识更加深入,人类能够更加理性慎重地看待战争,精神因素在决定战争与和平走向上的作用不但没有削弱,反而加强了。只有表现出坚强的战争决心,才有可能避免战争,只有拥有坚韧、持久、必胜的战争意志,才有可能取得战争的胜利,从而结束战争。

1. 坚定意志有效遏制战争

战争意志是战略威慑的核心要素。尽管随着时代的进步,信息武器装备迅猛发展,为实施战略威慑提供了强大的物质条件,但这些物质条件并不能自动转化为战略威慑力量,只有将物质条件通过人的意志、勇气展现出来,才能焕发出强大的威

慑力量。美国在界定战略威慑的时候，深刻阐明了战争意志在军事威慑中的重要地位，其核心观点是：必须拥有强大的力量，必须证明你拥有强大的力量，还必须证明你确实有意志、勇气和决心来使用这些力量，这三个层次的内容缺一不可。因此，面对战争危险，只有明确无误地表达出自身不惧战争、不惜战争的坚定强大战争意志，才能形成强大的战略威慑力。1961年4月，古巴凭借坚强的战争意志和巧妙的作战安排，打败了入侵的雇佣军，取得了吉隆滩战役的胜利，粉碎了美国中央情报局策划利用流亡美国的古巴人登陆古巴猪湾，进而颠覆古巴革命政权的阴谋。在越南战争中，越南人民和军队凭借顽强不屈的战争精神，经过多年的持续斗争，最终逼迫强大的美军撤出越南。这些以弱胜强的案例充分展现了坚定意志在战争中不可替代的突出作用。

2. 妥协退让易于招致战争

实践表明，面对战争威胁，选择妥协退让，反而容易招致战争。妥协退让会引发国内反对派和民众的强烈不满，进而加剧内部矛盾，引发内部危机，使国家面临内外交困的严峻局面。习近平主席也强调："中国人民深知，对待侵略者，就得用他们听得懂的语言同他们对话，这就是以战止战、以武止戈，用胜利赢得和平、赢得尊重。"[1] 因此，面对战争威胁，选择妥协退让不是明智之举，只会自取其辱、自取灭亡。比如，第二次世界大战前，英国首相张伯伦对德国采取绥靖政策，不但没有挽回和平，反而加速了战争的爆发。中国抗日战争前

---

[1] 《在纪念中国人民志愿军抗美援朝出国作战70周年大会上的讲话》，中国政府网，2020年10月23日，https://www.gov.cn/gongbao/content/2020/content_5560286.htm。

期，国民党政府一再强调"攘外必先安内"，集中精力对付共产党，对日本的侵略行为一忍再忍，一让再让，但最后并没有避免中日之间的全面战争。苏联解体后，面对一心想要从俄罗斯独立出来的车臣，俄罗斯并没有表现出以战争手段予以坚决制止的决心意志，而是试图将车臣自治共和国升格为车臣共和国作为让步，以换取车臣放弃独立企图。但这并没有打消车臣的独立念头，俄罗斯最终不得不发动对车臣非法武装的车臣战争，维护国家统一。

3. 毁敌意志迅速结束战争

战争意志历来是战争制胜之魂。《孙子兵法》的计篇提到："道者，令民与上同意也。故可以与之死，可以与之生，而不畏危。"克劳塞维茨也指出："战争是迫使敌人服从我们意志的一种暴力行为。"[①] 毛泽东多次指出："两军相争，一胜一败，所以胜败，皆决于内因。"[②] 在更加注重战争的经济效益和安全效益的今天，单纯依靠军事手段彻底消灭对手已经得不偿失，而运用综合手段摧毁对手的意志，使对手被迫接受和平条件，已经成为能否结束战争的关键。敌人的战争意志在战争初期呈上升趋势，但在遭到致命打击后，会被逐步削弱，最终被日益强大的综合力量击垮。例如海湾战争期间，在多国部队连续实施猛烈打击之后，虽然没有将萨达姆政权推翻，但已彻底击垮了伊拉克的战争意志，伊拉克被迫无条件接受联合国提出的和平条件，于是战争迅速结束。在科索沃战争中，以美国为首的北约以击垮南联盟战争意志为首要，在连续两个多月狂轰滥炸

[①] [德]克劳塞维茨著，中国人民解放军军事科学院译：《战争论》，解放军出版社2005年版，第4页。

[②] 《毛泽东选集》第1卷，人民出版社1991年版，第303页。

的同时，注重巩固战时同盟，实施严厉的经济和军事制裁，并通过外交活动促使俄罗斯立场发生重大转变，使南联盟内无实力，外无强援，没有意志也没有办法继续战斗，不得不接受"和平协议"。

第 四 章

战争与和平转换基本条件

1937年8月，毛泽东在《矛盾论》中提出"战争与和平是互相转化的"。在一定条件下，战争可以转化为和平，和平也可以演变成战争，如果条件不具备或不充分，这种转换就难以实现。随着时代的发展和军事技术的进步，影响和制约转化的因素不断增多，形成一个极其复杂的系统，受制于方方面面，既有客观条件，也有主观条件；既有共性条件，又有特殊条件；既有主要条件，又有次要条件；既有必然条件，又有偶然条件等等。这些转换条件具有整体联动性特征，既相互关联、相互影响，又相互制约、相互作用。

一、当代和平向战争转换的条件

冷战后，和平与发展成为时代主题。在这一背景下，维护世界和平的力量日益增长，制约战争的因素不断增多，和平能否转换为战争是各种因素综合作用的结果。冷战后发生的战争，虽有复杂的国际背景和动因，但都具备了一定的转化条件，促生了利益矛盾和斗争，进而引发了冲突和战争。

（一）利益矛盾难以调和

当两个国家之间的利益矛盾难以调和，尤其是关乎国家生死存亡的核心利益受到伤害时，两国的冲突很容易升级到战争层次。国家的核心利益主要包括国家主权、国家安全和国家发展等问题。其中主权利益涉及维护国家的领土完整和统一；安全利益涉及维护国家的政治制度和社会稳定；发展利益涉及国家的经济社会可持续发展。在以和平与发展为主题的时代，不涉及国家核心利益的一般性矛盾冲突，如经济纠纷、贸易摩擦、跨国犯罪等，经双方的沟通协调往往能得到有效化解；对国家核心利益威胁较小的危机事件，如边界冲突、恐怖袭击、资源争夺等，经过国际和双方的共同努力，一般也能化险为夷。但如果出现危及一方或双方生存与发展的重大危机，且将要或已经触及一方或双方的核心利益时，对抗一方或双方为了捍卫本国或集团的核心利益，难以接受危机带来的严重后果，和平转化为战争就有了现实条件。

一是主权利益受到严重威胁。主权指的是一个国家独立自主处理自己内外事务、管理自己国家的最高权力。主权利益关乎一个国家生存与发展的最高利益。突出表现是：一个国家强行干涉另一个国家的内政，或蓄意制造另一个国家的分裂，或一方单方面采取行动占领了双方有争议领土、领海等。例如，伊拉克入侵科威特，严重侵犯了科威特的主权独立和领土完整，最终致使海湾战争爆发。北约强行干涉南联盟内政，事关南联盟主权独立,最终导致科索沃战争爆发。

二是安全利益受到严重威胁。国家的发展离不开安全保障。当一个国家政局稳定、国家统一、民族团结、人民生命安全等受到严重威胁时,也会动用军事手段加以维护。主要表现是:反政府组织发动政变、武装暴动,试图夺取政权;民族分裂势力宣布独立,妄图造成国家分裂;恐怖主义发动恐怖袭击,造成重大人员伤亡;非国家行为体出现严重危及国家安全犯罪行为,并进行武力对抗等。一旦出现这些情况,国家就会动用军事手段来维护安全利益。例如,"9·11"恐怖袭击事件严重损害了美国的安全利益,成为美国发动阿富汗战争的直接诱因。车臣分离主义分子妄图独立,并以武力血腥镇压反对派,进行严重暴力恐怖活动致使大量人员伤亡,严重威胁到俄罗斯的安全利益,导致两次车臣战争的发生。

三是发展利益受到严重威胁。在以和平与发展为主题的时代,不同国家对发展利益的理解各不相同,就一般情况而言,主要表现在发展资源被掠夺、资源市场被垄断、能源通道被阻断等方面。例如,发生在1989年底的美国入侵巴拿马战争,也是因争夺巴拿马运河的控制权而起,当时美国40%的对外贸易是通过巴拿马运河进行的,巴拿马运河控制权的得失,关系到美国的发展利益,于是美国毫不犹豫发动了对巴拿马的入侵行动。同样,"中东石油是美国主导海湾战争的根本动力"[①],海湾战争的爆发在很大程度上也与美国的发展利益紧密相关。

---

① 邓晓宝主编:《强国之略:国家利益卷》,解放军出版社2014年版,第292页。

（二）实力对比严重失衡

战争是综合实力的较量，强胜弱败是普遍规律。冷战后战争爆发的鲜明特征之一，就是包括政治、经济、军事、科技、外交、文化等在内的综合实力对比日益成为战争发起方考虑的重要因素。当代战争的巨大消耗和破坏力，使对抗双方更加不敢轻易发动战争，只有一方在自身力量和可能存在的外部支援力量，与对方力量及其支援力量相比占有优势，战胜对方的可能性较大时才可能会发动战争。如果一方实力与对方相比力量相当或较弱，没有获胜把握或可能时，一般不会主动发起战争。

一是交战一方的自身实力相比于对手占有绝对优势。冷战后，世界经济政治发展不平衡加剧，以美国为首的西方发达国家掌控着世界话语权，引领着世界科技发展，拥有超强的经济实力和军事实力，具有一般国家难以企及的综合实力。这种综合实力上的优势使其在与弱国、小国发生冲突时，不再畏手畏脚，敢于使用战争手段解决问题。

同样，其他国际和国内战争的发起方，也大多在具备绝对优势的情况下发动了战争。例如，伊拉克虽号称中东强国，但与多国部队相比，无论是综合国力还是战争潜力，双方力量对比都十分悬殊，这也坚定了多国部队发起战争的信心。还有许多亚非拉国家内战也是如此，政府军往往依靠其掌握的强大经济和军事实力，以武力打压资金短缺、装备陈旧的反政府武装。

二是交战一方凭借外部支持占有绝对优势。在一些国际和国内冲突中，一方自身实力较弱，根本无法与对手相比，冲突本来不可能升级为战争，但弱势的一方获得了强大的外部支援、改变了力量对比，也增加了其发动战争的可能性。例如，中东的以色列处于阿拉伯国家的包围之中，其实力与阿拉伯国家相比处于弱势，但在第二次中东战争之后得到了美国的大力支持，尤其是美国为以色列提供了大量先进的武器装备，使其军事优势得到迅速提升。因此，在巴以冲突中，以色列更加有恃无恐，悍然挑起了第三次中东战争。在2011年利比亚国内冲突中，起初反政府武装与政府军相比实力较弱，在冲突中节节败退，这也意味着冲突很快能结束。但在反政府武装得到北约的强力支持后，实力大增，从弱势一方变为占有绝对优势的一方，冲突随之迅速升级为战争。

三是其他国家（集团）或组织介入，蓄意挑起战争。冷战后，随着国际交往日益频繁，国家相互依存度进一步加深，一个地区的危机很可能危及到其他国家、民族、宗教团体的利益。为了保护或攫取更大的政治经济利益，这些国家、民族和宗教团体往往趁机介入，蓄意挑起战争。推行霸权主义政策的国家总是直接或间接介入有战略利益的危机冲突；一些境外民族、跨界民族也对他国发生的涉及本民族的冲突，遥相呼应，提供支持；一些移居国外的民族分裂分子，更是与国内民族分裂势力相勾联，推波助澜；一些宗教极端势力也利用宗教的无国界性，介入他国的宗教冲突等等。例如，美国介入波黑战争除了有政治、安全方面的原因，还有宗教政策、"人道主义"等方面的考虑，导致战争升级。同样，美英等国直接介入科索沃战争、利比亚内战等也是出于种种原因怂恿、支持地方武装与政府军对抗，直接导致战争的扩大和升级。

（三）外部协调作用有限

和平向战争转换是一个复杂曲折的矛盾转化过程，既有推动因素，也有阻碍因素。国内的和平力量和外部的干预和制裁程度，是遏制和平向战争转换的重要力量，但如果冲突双方或一方置国际干预和制裁于不顾，或者顶住内部压力执意要发起战争，则和平向战争转换将无法避免。

一是国际社会的反战力量弱于战争力量。当出现局部战争苗头时，如果反战力量不足以遏制战争力量，和平就会转换为战争。冷战后，从世界范围来看，和平力量整体上超过了战争力量，因此，新的世界大战得以避免；但从局部上来看，在出现危机或武装冲突后，战争力量会迅速发展起来，而反战力量能否压制住战争力量，就成为决定战争还是和平的关键。这两股力量不断拉扯，都试图扩大自己的力量，进而压制对方的力量。当战争力量能够顶住反战力量的压力，主动权就掌握在了战争力量手中，战争也就为之不远了。从冷战后发生的局部战争来看，战争力量总是在击败反战力量之后发生。"9·11"恐怖袭击事件发生后，美国国内战争力量迅速发展，布什总统立即决定动用武力进行回击，参众两院以绝对多数赞成票通过决议，授权总统使用武力，多数国内团体和民众支持政府出兵，联合国也通过决议支持，尽管有部分团体和民众及国家和国际组织坚决反对动武，但反战力量远远不及战争力量强大，战争随之爆发。

二是以制止战争为目的的国际干预和制裁无效。冷战后，随着战争制约因素越来越多，国际间化解危机的途径也越来多。例如，联合国、地区组织或第三国可以展开外交斡旋，通过沟通协商使冲突双方达成谅解；联合国、地区组织或第三国可以对冲突双方实施经济、军事制裁，给其造成经济困难和武器短缺，迫使其放弃战争立场；联合国、地区组织或第三国还可以通过集结部队、举行演习、派驻维和部队等方式进行军事威慑，使其感知自身差距和战争带来的严重后果，从而主动妥协；有关国家还可与冲突双方举行多方会谈，帮助化解危机；还可运用国际媒体引导舆论，促进危机向和平转化。但是当这些方式都不奏效时，战争就不可避免。例如，伊拉克入侵科威特后，国际社会一致谴责，联合国实施经济制裁，美英等国进行军事威慑，许多国家积极进行外交斡旋和政治调解，但最终都以失败告终，危机迅速转化为战争。波黑战争发生后，欧洲共同体率先开展外交斡旋，力促穆斯林、塞尔维亚人、克罗地亚人三方和解，但和谈却以失败告终，战争迅速爆发。

三是国际法对制止战争、维护和平作用失效。从近代的承认战争自由到近代后期对战争的逐步限制，再发展到现代国际法基本否定战争的基调，国际法对于制约战争与武装冲突、维护世界和平的作用仍客观存在且不可忽视。但是，由于国际法发挥作用主要取决于各个主权国家的自觉遵守，因此其制止战争、维护和平的作用就显得极为有限，尤其是当某个国家试图绕过国际法的制约而发动战争时，国际法就毫无办法。例如，近代以来发生的几次大的战争以及美军虐俘事件都对国际法造成了巨大的冲击和破坏，从而导致国际法的法律制约作用并不被人看好。

（四）诉诸武力意志坚决

正如恩格斯曾经指出："枪自己是不会动的，需要有勇敢的心和强有力的手来使用它们。"[①] 虽然具备了一切客观条件，但战争也未必能打得起来，对抗双方有没有强烈的战争意志和决心，是决定和平最终能否转换为战争的关键。如果双方都没有动用战争手段的打算，即使矛盾再尖锐，战争也可能打不起来。如果一方有很强的战争意志驱动，即使另一方不愿意打或者一味妥协退让，也可能难逃战争的厄运。

一是交战一方有很强的战争意志，另一方也毫不示弱。冷战后，以美国为首的西方国家依靠其强大的政治、经济、军事实力，实行侵略扩张的霸权主义政策。为了维护其领导地位，获取经济利益，强行推行价值观，美国始终把使用军事手段放在重要位置，正是在其强烈的战争意愿驱使下，诸多的危机或武装冲突最终走向了战争。另外，随着人类民主、平等意识的增强，处于弱势的国家、民族、政治集团渴望得到应有的尊重和平等待遇，为捍卫自身权利和利益而斗争的意识也在逐渐增强。特别是一些饱经屈辱的国家，其民族具有较强的反抗、斗争精神，遇有外来压迫往往选择坚决武力抵抗。海湾战争前，美国有打击伊拉克的决心，而伊拉克也毫不示弱，不愿轻易屈服妄图后发制人，在双方都有战争意志的驱动下战争随之爆发。

二是交战一方有很强的战争意志，另一方被迫应战或妥协

[①] ［德］马克思、恩格斯著，中共中央马克思恩格斯列宁斯大林著作编译局编译：《马克思恩格斯全集》第21卷，人民出版社2003年版，第259页。

退让。在强弱对比悬殊且明知必败无疑的情况下,面对强敌挑衅,一些国家为了维护国家主权独立和尊严,也不得不被动应战。利比亚战争前,法、英、美等国都有打击利比亚的意愿,而卡扎菲政府则不想与西方直接对抗,于是全面接受了联合国安理会关于在利比亚设立禁飞区的决议,并答应立即停火。但面对继续进攻的反政府武装,政府军又不甘心任其发展便予以反击,北约以此为由对利比亚政府军发动了进攻,政府军也妄图拼死一搏,不得不应战,战争最终打响。另一种情况是,一方下定决心要使用军事手段解决问题,另一方无论做出多大让步也无法避免战争。例如,伊拉克战争发起前,美国为彻底推翻萨达姆政权,达到全面控制中东的目标,不顾国际社会的强烈反对,执意绕开联合国发动对伊战争,动用军事手段的决心已定。而在海湾战争中遭受失败的伊拉克,知道打不过美英联军,便多次做出妥协让步,全力配合联合国核查,几乎全部接受了核查小组提出的要求,心存侥幸地认为美国会放弃军事打击,但事实是一味妥协退让仍无法避免战争的爆发。

三是在一定条件下领导人(或领导集团)的好战意志强力驱动也可能改变国家的命运,将国家从和平推向战争的深渊。例如,第二次世界大战前的德国不满第一次世界大战后签订的《凡尔赛条约》,德国国内民粹力量爆发,极具侵略性的纳粹政权上台。当时纳粹党的领袖希特勒上台后就撕毁了和平协议,开始大肆扩军。1935年3月纳粹政权头目希特勒宣布恢复兵役制并扩充德国军队,包括建立《凡尔赛条约》中禁止德国拥有的海军、装甲部队和空军,进行整军备战,并终于在1939年9月闪击波兰,第二次世界大战爆发。同样,日本发动战争的原因就是其贪婪成性、利欲熏心,尤其是第二次世界大战时期日本的领导层受军国主义的影响深远，对外实施侵略扩张的政策，竭尽全力夺取别国的重要战略物资。当日本与其他国家之间的利益矛盾达到不可调和的地步、其他手段无法解决矛盾时，只好诉诸于战争。这既是和平向战争转换的动因，在一定条件下也是和平向战争转换的重要主观条件。

二、当代战争向和平转换的条件

战争向和平转换包括两层含义，一是战争向相对和平转换；二是战争向永久和平转换。第二种转换只有在全世界彻底消灭了私有制和阶级的情况下才能实现。因此，这里的战争向和平转换是指战争向相对和平转换，即具备了哪些条件，双方才能达成停战协定、签订条约或和约、实现停火等等，从而恢复相对和平状态。与和平向战争转换一样，战争向和平转换也是多种因素综合作用的结果，只有具备充分条件，才能实现转换。归纳起来主要有以下几个方面。

（一）一方完败或彻底被击垮

冷战后，战争目的的有限性越来越明显，战争目标不再是军事上彻底摧毁对手和占领对手的领土，而是转为击垮对手的战争意志。一方通过军事、政治、经济、外交等综合手段，迫使对手完全丧失战争意志，被迫接受和平条件，战争必然会走向和平。相反，如果一方还有抵抗意志，战争就很难结束。

一是一方或被彻底打垮无力反击，或遭受沉重打击不愿再战。一方被彻底打垮，完全丧失了反击能力，胜利一方战争目标实现，可以按照自己的意愿处理战后事宜，战争随之结束。这种情况在全面战争中比较常见，在当代局部战争中这样的例子也时有发生。例如，在2011年的利比亚战争中，北约联军与利比亚反对派联合在一起，对卡扎菲的政府军进行了猛烈打击，取得了决定性胜利，几乎将效忠于卡扎菲的武装消灭殆尽，彻底推翻了卡扎菲政权，建立了新的临时政府，战争随之结束。而伊拉克战争持续近9年，阿富汗战争持续近20年才结束，根本原因就是另一方在长时间内没有被彻底打垮，还有一定的战争意志。在当代非对称战争中，多数情况是弱势的一方遭受严重打击，胜负大局已定，于是弱势的一方会接受另一方提出的条件，从而结束战争。冷战后不少战争就是以这种形式结束的。例如，1991年的海湾战争，以美国为首的多国部队给伊拉克以沉重打击，毙伤其军队约10万人，俘虏8.6万人，击毁其坦克3847辆、装甲车1450辆、火炮2917门、飞机324架，[①] 摧毁其80%的炼油设备、主要水厂、发电厂及其他骨干生产厂家，经济损失高达2000亿美元。[②] 伊拉克败局已定，战争意志丧失，接受了联合国安理会提出的停火条件，战争随之结束。

二是一方达成有限战争目标，而另一方无挽回战局的能力。战争的有限性日益突出，战争双方都越来越注意保持战争

[①] [美] 美国国防部著，中国人民解放军军事科学院外国军事研究部、中国国防科技信息中心译：《海湾战争——美国国防部致国会的最后报告》（上），军事科学出版社1992年版，第217页、426页。

[②] 中国人民解放军军事科学院世界军事研究部编：《战后世界局部战争史》第3卷，军事科学出版社2008年版，第146页。

克制，尽力防止战争规模扩大和升级。战争双方更加注重的是战争的政治、经济目的能否实现，而不是攻城略地、彻底击垮对方。这些有限的政治经济目的主要包括：是否维护了霸主地位，保持了领土完整，防止了国家分裂，维持了政权稳定，保住了经济利益，削弱了敌对势力等等。只要这些目标基本实现，另一方已无反击的能力，交战一方就会停止军事行动，转而采取政治途径解决矛盾纠纷，和平的到来就不再是空话。例如，在海湾战争中，美国并没有把彻底推翻萨达姆政权作为战争目标，而是把维护自己的霸主地位和经济利益，迫使伊拉克从科威特撤军作为主要目标，于是战争在伊拉克接受联合国所有决议、美国自身和西方盟国石油利益得以保全的情况下迅速结束。俄格武装冲突中，俄罗斯设定战争目标是迫使格鲁吉亚当局恢复和平，而不是击垮其政府，因此，当格鲁吉亚撤出南奥塞梯后，俄罗斯战争目标达成，战争随之结束。

（二）战争陷入难以为继境地

战争中，如果双方谁也不能战胜对手，战争陷入久拖不决的僵持状态，战争的巨大消耗及破坏将置双方于严重困难境地，为了避免无谓的牺牲，双方往往只好相互妥协，或将问题搁置，或寻求通过和平谈判的方式解决争端，战争也就得以结束。

一是双方势均力敌，哪一方都难以获胜。当战争双方实力悬殊不大时，经过战争较量，谁也打不过谁，最后只好相互妥协，转入和平状态。冷战后，随着战争制胜影响因素越来越多、越来越复杂，一方要想彻底制服另一方越来越难。特别是在战争双方势均力敌的情况下，一方胜出的可能性更小。于是，在更加注重费效比的时代，交战双方在没有获胜可能的情况下，往往更多会选择主动妥协。此外，长期战乱带来的种种影响，也会改变交战双方开战时设定的战争目标，朝着更易于和解的方向发展。冷战后以双方妥协方式结束战争的，更多的是一些发展中国家之间的战争。例如，因两国之间长期的战争，两国战争消耗、人员伤亡都很大，最终双方不堪重负，相互妥协，停止军事行动。也有发生冲突的两个国家势均力敌，经过激战双方都付出了代价，但都无法战胜对方，最终只好相互妥协，签订和平协议终结战争。

二是双方消耗殆尽，战争难以持续下去。战争是实力的竞赛，需要雄厚的实力做支撑，特别是当代战争的耗费更加巨大，对双方造成的破坏也极其严重。从物资消耗上看，1名士兵的日均消耗物资量在第二次世界大战时是0.02吨，而到20世纪90年代则达到0.2吨，是之前的10倍。随着战争进程加快，物资消耗速度也越来越快，海湾战争美军的日投弹量是朝鲜战争时的19倍。高科技武器装备造价也极其昂贵，1架F-15战斗机的造价是第二次世界大战时战斗机造价的430倍。[①] 战争的破坏力也急剧增加，一些高技术常规武器，如精确制导武器、燃料空气弹、集束炸弹和生化武器等，其毁伤能力几乎可以同战术核武器相比拟。当代战争的这种高消耗和巨大破坏力，对战争双方来说都是一种严峻考验，经过长期拉锯战，双方遭受严重破坏，力量消耗殆尽，失去了进行战争的力

[①] 中国人民解放军军事科学院世界军事研究部编：《战后世界局部战争史》第3卷，军事科学出版社2008年版，第583—585页。

量基础，战争必然无法继续。例如，爆发于1992年的亚美尼亚和阿塞拜疆之间的局部战争，历时近3年难分胜负，使两国耗费巨大，并对国内政治、经济造成严重困难，最终两国走向和解，达成了停火协议。

另外，无论是国际还是国内的反战力量超过了战争力量也可能推动战争走向和平。冷战后，人类社会更关注的是经济发展，更希望有一个和平稳定的环境。在冲突双方内部，在政府、舆论的引导下，一些团体和民众选择了支持战争，但战争特别是非正义的战争爆发后，有些团体和民众会逐渐从冲动中清醒过来，转而开始抵制战争，和平力量逐步壮大。世界上还有各种各样的和平组织，它们采取罢工、游行示威等多种形式，要求双方停止战争，回归和平。当反对战争的力量越来越大，和平力量超过了战争力量时，就可以改变战争决策者的态度，促使其采取措施结束战争。在伊拉克战争前，美国国内战争力量超过了和平力量，战争最终爆发。但战争开始后，美国深陷其中，战争久拖不决，致使战争损耗巨大、人员伤亡严重，美国国内反战力量逐步壮大，世界反战力量也日益增多，并最终超过了战争力量，政府不得不终止战争。

（三）国际干预发挥重要作用

为了遏制战争、维护和平，国际社会的干预和制裁始终贯穿于战争与和平转换的全过程。战争发起前，国际社会极力阻止战争爆发，制止和平向战争转换；战争发起后，它又致力于尽快结束战争，恢复和平。在战争中，如果国际社会的干预和制裁能够在战争中发挥决定性作用，交战双方能够接受和平倡议，则战争走向和平。国际干预的手段可以有不同的划分方法，为便于分析与理解，本书将从外交、经济、军事干预方面进行分析。

一是运用外交手段干预。它既包括运用国际法上规定的和平解决国际争端的手段，也包括运用共同体内的外交制裁，这种制裁一般以组织制度为基础。国际法规定的和平解决国际争端的手段有调查、调停、斡旋、调解或是依照商定的规则进行仲裁，根据公认的国际法准则作出裁决等多种形式。中美洲的一些内战国家，如尼加拉瓜和萨尔瓦多在联合国的调停下，各派武装力量实现谅解，并举行国内选举；波黑战争交战各方在联合国与欧洲共同体敦促下签署停火协议等，都是运用这种外交手段的实例。外交手段干预一般成本最低且见效较快，因此在实践中运用得最普遍、最频繁。但它也有致命的弱点，即由于缺乏强制力，干预的成果很难得到保证。基于组织的规则制度而实施的外交制裁，是国际干预中运用外交手段的另一种形式。因为任何一个国家在加入国际组织时，都已接受了该组织的各项规则制度，它能够享受组织赋予的权利和利益，但也必须履行组织规定的义务。如在寻求改变南非的种族隔离政策过程中，联合国在其组成机构和各种委员会中不仅通过了措词不断加强的协议，还剥夺了南非在一些机构中的成员资格。1974年，联合国安理会甚至曾应联合国大会的请求召开会议，讨论一项把南非立即开除出联合国的提案，只是由于英、法、美三国的反对，提案未获通过。但自1970年起南非代表在联合国大会连续5届常会上所提出的全权证书，均被大会拒绝。①

---

① 梁西：《国际组织法》，武汉大学出版社1993年版，第180页。

二是运用经济制裁进行干预。在外交手段被证明无效的情况下,经济手段可能是国际干预要考虑的首选工具,它包括经济威胁、经济封锁和经济制裁。从开始向对象国政府表明不满到实际上中断经济关系,从撤销援助到抵制、禁运、冻结财产,所有这些都是经济手段可能使用的具体方式,一般也可以笼统地称之为经济制裁。在国际关系中,经济制裁作为一种强制性手段,既可以作为报复手段也可以作为制止冲突维护和平的手段。在国际关系史上,真正意义上的由国际组织决定实施的集体性经济手段在干预中的运用,当属1935—1936年间针对意大利对埃塞俄比亚的入侵,由国际联盟牵头对意大利实施的制裁。由于主要国家尤其是英、法两国缺乏坚决制裁的决心,加上一些国家的破坏,这次制裁并没有提供关于这种方法有效性的证据。第二次世界大战以后,联合国也把经济制裁作为制止侵略的手段写进《联合国宪章》,并于1966年、1968年、1977年分别对践踏人权、实行种族歧视政策的南罗得西亚(今津巴布韦)史密斯政权和南非当局实施了这种制裁。

三是军事手段强力干预。从理论上讲,和任何单边干预一样,国际干预所能用的最极端的形式就是军事手段,即武装力量的集体使用。需要注意的是,在世界政治舞台上,以维持国际和平与安全为宗旨的普遍性国际组织——联合国,在国际干预的军事手段使用上居于中心地位,没有它的授权或许可,其他任何组织都无权在这一问题上擅自行动。在军事力量的使用方面,在联合国范围内逐渐形成了两种常见模式,一种是维和行动,另一种是联合国授权或许可的强制性军事行动。当然,军事手段由于强制性高、破坏性大,一般只有在外交、经济等手段已经用过且证明确实无效的情况下才可以使用。例如,为防止战火再起,联合国在科特迪瓦建立维和任务区,支持科特迪瓦国内开展党派对话,推进民族和解,大力整顿社会秩序,加快恢复重建,消除了战争爆发的种种隐患,使和平得以维持。

(四)双方结束战争意愿强烈

战争的残暴性和破坏力让人刻骨铭心,因此人类更加渴望和平。只有当交战双方都愿意尽快结束战争、早日迎来和平时,战争向和平转换才有了思想基础。如果有一方执意要打下去,另一方即便不想打,也只能被迫应战,战争也难以结束。因此,交战双方都希望结束战争的意愿,是战争向和平转换的重要精神条件。

一是双方经过国际社会斡旋调解同意结束战争。在当代战争中,出于制止战争、维护和平的需要,联合国、地区性安全组织、国家联盟、一些主张和平的国家和其他国际组织等会积极展开外交斡旋,督促交战双方放弃武力对抗,回归到和平解决争端的渠道上来。通过国际社会斡旋调解,如果双方接受和平倡议,战争也就能随之结束。例如,为终止埃塞俄比亚与厄立特里亚之间因边界纠纷爆发的战争,联合国、非洲统一组织、欧盟等积极斡旋,促成交战双方签署终止敌对行动的协议,后又协调双方展开谈判签署和平协议。在国际社会积极斡旋协调下,埃塞俄比亚与厄立特里亚最终达成和解,恢复了和平。为结束利比里亚内战,西非国家经济共同体积极斡旋,促使交战三方先后签署停火协议与和平协议。在联合国和西非国家经济共同体的大力推动下,利比里亚成立了新的过渡政府,后又与反政府武装多次谈判，双方最终签署了和平协议，结束了长达10多年的内战。

二是双方找到了和平解决利益冲突的途径。利益冲突是发起战争的根本原因，一旦利益冲突得到有效缓解，战争的内部驱动力就会消失，局势就会走向和平。如果利益冲突得不到缓解或一定程度的解决，即使交战双方在外力干预下暂时实现了停火，战争也很难结束。例如，爆发于1992年的波黑战争，虽然众多国际组织和有关国家进行了多次斡旋协调，但冲突三方始终没有就各自地位等根本性问题达成共识，致使战争持续近4年难以结束。随着三方解决争端的愿望逐渐变得强烈，最终于1995年共同签订了《代顿协议》，就各自地位、未来格局、领土划分等根本性问题达成共识，战争随之结束。

三是双方难以承受战争带来的巨大消耗和损失。信息化条件下的局部战争，与世界大战相比，虽然规模不大，但大量高科技武器装备充斥战场，战争消耗呈几何级数增长，毁伤能力也大大增强。战争爆发后，战争多进行一天就会多消耗一天，就会多一些伤亡，反战力量的呼声也会越来越高。因此，不管哪一方都不想把战争无限期拖延下去，也不愿意把战争无限扩大化，而是都想尽快达成自己的战争目标，早日结束战争。双方的这种心理意愿，会体现在各自的战争目标、战争计划、战争实施之中，进而推动战争向和平转换。例如，海湾战争爆发后，54.5万名美军每人每日平均耗资116.5美元，是第二次世界大战时人均耗资的21.5倍，巨大的战争消耗，再加上越南战争久拖不决的惨痛教训，还有反伊（拉克）联盟和多国部队内部的不稳定性，使美国在开战前就下定决心，要速战速决，早日结束战争。本来想打持久战的伊拉克，在战争发起后孤立无援，在强大的敌陆海空力量打击下遭受重创，也不得不考虑结束战争。双方都有了结束战争的意愿，于是战争在42天后结束。科索沃战争也是这样，北约刚开始就计划在数日内结束战争，而想打持久战的南联盟在遭受北约强大的空袭之后，看到己方损失惨重也想结束战争，于是战争只进行了78天就结束了。

综上所述，当代战争向和平转换的条件并不是彼此孤立、相互分开的，相反，这些条件往往存在交叉重叠，这也就是为什么在现实中往往多种条件和因素发挥作用才能推动战争向和平的转换。

第五章

战争向和平转换主要路径

战争向和平转换，就是如何结束战争、恢复和平的问题。历史上每一场战争的结束与和平的恢复情况都不尽相同，但归纳起来，主要有两种路径。一是以战止战实现和平，即一方胜利一方失败，失败者屈从了胜利者的意志，从而战争结束。二是以和止战实现和平，即双方互相妥协，最终通过停战谈判、签署停战协议的方式结束战争。

一、以战止战实现和平转换

战争是敌对双方由诸多因素构成的综合力量较量。其中，经济是战争胜负的基础，政治精神是决定性因素，军事力量是直接因素。此外，时间、地理、天候等因素也影响着战争的结局。要想赢得战争的胜利，就要充分考虑这些因素，创造制胜的条件，从全局出发去筹划、把控战争，运用一切力量和手段达成战争的目的。

（一）军事制胜，奠定和平的基础

战争是暴力的对抗，在诸多制胜手段中，军事手段无疑是最主要、最直接的，军事对抗的结果，往往对战争结局具有决定性的影响。凭借己方强大的战争意志和军事实力，彻底剥夺敌人的战斗力和抵抗力，是实现和平最重要的基础。

1. 保持强大的战争意志

当代战争越来越呈现出意志较量的鲜明特征。历史反复证明，无论是军事实力占据明显优势一方，还是战争初始实力较弱一方，要想取得军事上的胜利，必须要保持强大的战争意志，在任何敌人面前毫不畏惧、毫不退缩，气势如虹。只有这样，才能使敌人望而生畏，知难而退，避免战争的升级，早日结束战争。因此，在战争进行的过程中，应始终表现出旺盛的斗志，要从心理上战胜敌人，迫使其放弃战争选择。一是坚持原则性问题不妥协。屈服于强敌胁迫，关键时刻企图以原则性问题妥协退让换取和平，不仅本国民众不会答应，而且也得不到对手的尊重与同情，反而会招致强敌更加肆无忌惮地践踏和蹂躏。因此，对涉及国家主权、安全、发展利益的原则性问题应始终坚守如初，特别是在双方意志较量的最后关头，决不能临阵退缩，要以钢铁般的意志粉碎敌方的任何图谋。二是坚定武力取胜的信心。军事实力优于敌方，胜利信心自然很足。如果军事实力在战争初期不如敌方，也要坚定军事取胜的信心，要坚信通过挖掘战争潜力、动员民众力量、争取盟友和国际正义力量支持等手段，是可以用时间换取空间、由被动转入主动、力量由弱转强，最终战胜强敌的。在整个战争中坚信正义战争必胜，决不放弃胜利信心，始终保持良好的心理状态，彻底击碎敌方侵略图谋，削弱其战争意志，最终战胜敌人。三是释放以战止战的决心。在战争的各个阶段，除让对方知道自己敢打敢胜的决心外，也要通过一切手段增强自己的实力，力争在总体军事实力上超过对方，使对方看到自己有信心有能力用战争反击战争、用武力维护和平，从而动摇其战争意志，知晓继续战争的后果和代价。

2. 呈现强大的威慑态势

习近平主席深刻指出："能战方能止战，准备打才可能不必打，越不能打越可能挨打，这就是战争与和平的辩证法。"[①]某些国家或组织蓄意引发的战争，挑起方往往态度强硬，未达目的不肯罢休。在这种情况下，既要有软的一手，更要有硬的一手，要不断运用各种手段对敌进行有效威慑，为以战止战创造条件。在双方意志较量的最后关头，有没有做好充分战争准备，成为决定继续战争还是和平的关键。战争准备越充分，对敌人战争意志的威慑越大，结束战争的速度就越快。立足于打赢战争，全面、全程做好战争准备，是赢得战争的重要途径。一是不断完善兵力部署。随着战争的进行，快速进行兵力集结和部署，抢占关键地区，争取战争主动，形成对敌遏制态势，陷敌于被动境地。二是充分展示实力。拥有止战能力，充分展示实力，才能对敌形成有效威慑。通过展示训练有素的军队、武器装备的威力、战争中不断取得的胜利、民众的大力支持等，显现部队作战能力和杀手锏武器的巨大威力，以及全国上

[①] 中国人民解放军总政治部编：《习近平关于国防和军队建设重要论述选编》，解放军出版社2014年版，第91页。

下同仇敌忾的气势，对敌人形成强大的心理震慑。三是充分进行战争动员。应立足战胜对手，在战争发起后，不断完善武装力量、装备器材、物资经费、交通战备、人民防空等动员方案，不间断地进行政治、经济、武装力量、科技、交通、人民防空等动员，充分激发民众爱国热忱，凝聚军民保家卫国的精神力量，以巨大的战争潜力吓阻敌人，早日结束战争。

3. 取得关键的胜利成果

要想实现在有利条件下结束战争，必须充分发挥军事手段的作用，力争将敌人打狠打痛，迫使其放弃军事对抗，屈从己方的意志。一是击敌要害。敌方的指挥机关、通信枢纽、系统节点、后勤保障等，是事关其作战行动能否顺利实施的要害。如果对这些要害目标进行致命打击，无疑能够瘫痪敌作战体系，使敌无法形成有效反击，只能处于被动挨打境地。因此，应围绕这些要害目标，进行猛烈精确打击，以便掐住命脉迫敌就范。二是重挫精锐。敌人往往仰仗其精锐部队，以期获得制胜机会。如果能够抓住其精锐部队实施痛击，力争歼之全部，或歼其大部，必然会给敌方造成极大的心理震慑，不得不转变战争态度。如在伊拉克战争中，萨达姆的精锐共和国卫队一垮台，伊拉克的军事体系便土崩瓦解，政府随之被推翻。因此，应找到其精锐部队位置，动用强大火力进行打击，以重创其精锐、动摇其战争意志。三是置其绝境。使敌人感到生存受到严重威胁时，其态度自然会发生转变。如果能够撕裂对方防线，长驱直入，给敌人造成兵临城下、难以抵挡的严峻形势，为生存和得失着想，敌人将不得不放弃对抗，接受停战条件。因此，应周密部署，积极寻求围敌、孤敌之策，创造危及其生存的条件，陷敌于覆灭境地，迫使其退出战争，接受和平条件。

（二）多措并举，确保和平的实现

战争制胜因素是一个统一的整体，军事手段并不是孤立存在的，时时处处受到其他因素的影响和制约。因此，在军事打击的同时，还应综合运用政治、经济、外交、心理和舆论等多种手段，多管齐下，发挥综合效益。只有这样，才能彻底摧毁对方的战争意志和潜力，阻断进行战争的源泉，确保实现真正意义上的和平。

1. 经济上进行制裁

在进行军事打击的同时，运用经济手段进行干预，是削弱敌人战争意志的有效手段。随着世界经济融合度不断加深，交战国家与世界经济的联系越来越紧密，经济实力强不强，往往是其能否进行战争、持续进行战争的重要支撑。因此，应通过各种途径，对敌进行强有力经济制裁，影响其国内经济发展和政局稳定，进而削弱其战争意志。一是实施贸易禁运。进出口贸易关系着一个国家的生存和发展，也关系着民众的切身利益。如果能够动员国际组织和其全部或一部分贸易伙伴与其断绝贸易往来，无疑会对其战争潜力、国计民生造成致命性打击，引发民众对战争的不满情绪，给其政府继续战争造成巨大压力。因此，应积极推动与敌方有经济合作的国家以及联合国等国际组织对其进行贸易禁运，制约其经济发展和军工生产能力，削弱其战争实力。二是冻结其海外资产。敌国的海外资产既是国内经济发展和政局稳定的重要支撑，也是其维持战争的重要资金来源。冻结其海外资产，无异于降低其战争潜力。因此，应游说国际经济组织或相关国家冻结敌方海外资产，削弱其继续战争的能力。三是实施财政金融制裁。财政金融是支撑经济活动的命脉。如果财政金融被钳制,经济活动将无法顺利进行。应推动国际组织停止对敌方贷款,阻挠其在国际金融市场上的各项活动,限制或停止其外汇兑换,干扰其国内金融市场的正常运行,致使其经济陷入瘫痪,不得不放弃战争。

2. 外交上分化瓦解

从当代战争形成的过程看,一些国家和组织之所以敢于挑起战争,除了具备一定的综合国力和战争实力外,与其背后的支持力量密不可分。正是霸权国家直接参与或在幕后、或公开支持的推波助澜,才使一些国家和组织有恃无恐,频频挑起战争,以谋求一国之力难以获取的政治经济利益。因此,斩断其与幕后黑手的联系,分化瓦解其利益集团,最大限度地孤立对手,是赢得战争胜利的有效途径。一是揭露对手支持的险恶用心。霸权国家提供支持,并不是维护公平正义,而是有着自己的战略企图,主要是想借助战争排除异己,或推销价值观,或谋取经济利益,或强化对地区的控制力和影响力等。因此,应在国际社会公开揭露外部支持力量的真正企图,使其成为众矢之的,给其造成巨大的国际舆论压力,迫其改变立场,停止对战争的支持。二是利用好敌方阵营分歧。任何联盟都不可能是铁板一块,都存在着各种各样的矛盾分歧。特别是违背时代潮流、蓄意挑起的非正义战争,参与者之间更容易出现问题和裂痕。因此,应善于发现敌方阵营的矛盾分歧,通过外交策反、利益诱导、舆论宣传等手段,激化其相互之间的矛盾,力争瓦解其联盟关系,使战争挑起者陷于孤立境地。三是主动制造敌方阵营矛盾。主要利用政治、经济、外交、文化等手段,破坏敌方阵营相互依附关系,降低其相互之间的信任,打破其利益平衡，增强其民众反战情绪，使其停止合作，终止联盟。

3. 心理上形成压力

当代战争越来越呈现出在心理上和舆论上的较量，谁占据了舆论高地，赢得更多支持，谁就更有机会瓦解对方的心理防线，为推动战争结束、加快和平进程创造有利条件。信息时代，科技的发展极大丰富了心理战和舆论战的手段。因此，立足正义立场，充分借助现代传媒，大力开展心理战和舆论战，是摧毁对手战争意志的有效手段。一是主导国际舆论，形成强大压力。一般情况下，国际舆论是主导世界正义的风向标，谁占据了主流舆论地位，谁就能给对方造成巨大心理压力。占据正义的一方应加大外交、媒体宣传，阐明正义立场，大胆揭露战争挑起者的错误行径和严重后果，把世界舆论的矛头引向对方，迫其转变对抗立场。同时，坚决防止有关国家利用媒体优势颠倒黑白，误导国际舆论。二是进行战场宣传，瓦解敌军士气。战场宣传更具直接性，是瓦解敌军士气的有效手段，应把战场宣传融入整个作战行动全过程。作为军事行动的一个重要组成部分，应充分利用各种形式、各种时机，宣传己方所处正义地位及拥有优势，敌方不义立场及劣势弱点，以涣散敌军心，瓦解其士气。2020年在南高加索地区进行的纳卡冲突中，阿塞拜疆成功地实施了心理战，将战争中大量使用无人机攻击亚美尼亚S-300防空系统、军事设施和军队的视频，在社交媒体和互联网上播放，极大地鼓舞了己方士气，赢得国内民众支持，同时给亚美尼亚军队造成了巨大的心理阴影，最终促进了战争的胜利。三是强化战斗精神，实施心理震慑。战斗精神是一支军队战斗力的重要组成部分，甚至是战斗力的倍增器。良好的战斗精神，不仅是制胜的法宝，也是威慑敌人的有力武器。应大力强化战斗精神、展现战斗精神、宣传战争精神,从心理上给敌人以震慑,使敌未战先寒、闻风丧胆、难以为战。

以上各种手段,在终止战争的过程中不能孤立、片面地使用,而应有机地综合而为。通常情况下,需要多种手段同时使用,才能发挥出强大的力量。因此,要根据战争的类型、对手,以及进行战争的时间、地域等因素,灵活使用一种或多种手段。

(三) 把控强度,提升和平的效益

战争有正义战争和非正义战争之分。我们拥护正义战争,反对侵略性的非正义战争。即使是正义战争,我们也希望将其控制在一定的范围内,以最小的代价取得最大的战果。"一旦防止战争的措施失灵,就要把它限制在一定范围。"[1] 所谓战争控制,就是对战争的发生、目的、进程、手段、规模、强度等进行掌控和制约的活动。当战争发生后,如何筹划好战争,尽快达到取得胜利、恢复和平的目的,是战争指导者必须考虑和把握的问题。特别是在战争消耗激增、武器破坏效能无限增大的时代条件下,主动控制战争强度,成为实现和平的必然选择,而逆时代潮流而动,对战争强度不加控制,即使取得战争胜利,也将付出惨重的代价。因此,控制战争强度,科学筹划好战争,提升和平的效益,是实现战争向和平转换必须考虑的重要问题。

1. 限制战争目标

随着时代发展,战争的政治性越来越突出,仅仅依靠军事

---

[1] 李际均:《新版军事战略思维》,长征出版社2012年版,第179页。

手段很难从根本上解决问题，推动问题的解决还要靠军事与非军事手段的密切配合。因此，在确定打击目标时，应着眼于对敌战争力量的结构破坏，制止敌整体力量的发挥，彻底打痛敌人。同时，对打击目标也要有所节制，对政治性、经济性、社会性与军事性目标应有严格的层次区分，进行慎重选择，以便为政治、外交手段的最后解决创造条件。当前，应把战争目标限制在击垮对方战争意志，使其无法挽回战局上面，而不能一味追求攻城略地、彻底消灭对手。同时，也要给对方留有一定余地，避免陷入无休无止的报复和恐怖袭击中，致使战争死灰复燃。比如在海湾战争中，美国并没有把彻底推翻萨达姆政权作为战争目标，而是把维护自己的霸主地位和经济利益，迫使伊拉克从科威特撤军作为主要目标，在目标达成后，美国迅速结束了战争。在俄格武装冲突中，俄罗斯提出的战争目标是迫使格鲁吉亚当局恢复和平，而不是击垮其政府，因此，当格鲁吉亚撤出南奥塞梯后，俄罗斯战争目标达成，战争随之结束。

2. 限制战争范围

把战争控制在一定范围之内，是防止战争升级、提升效益的有效办法，也可为尽早实现和平创造有利条件。如果对战争范围不加控制，任其蔓延和越限，则会导致战争失控、不断升级扩大。当今时代，随着高新武器装备不断发展，战争呈现出地域界限模糊、作战空间不断增大的特点，但这只是针对战争的全局性所讲，单就某一场战争而言，人类的控制能力已有极大的提升，世界性的战争很难发生，局部战争成为常态。限制战争范围，已经成为现实。一是限制打击地域。对由领土争端、边界纠纷、资源归属等问题引发的战争，应将打击范围限制在边界和争议地区，而不应扩大至后方本土或邻国境内；对由权力纷争、民族矛盾、宗教分歧、恐怖活动等问题引发的战争，应将战争范围控制在分裂势力、宗教极端势力、恐怖势力聚集之地，而不应四面出击、伤及无辜。二是限制打击目标。应区分敌方目标及其支援力量的目标，如果其支援力量未主动进攻，只是进行道义或物资支持，就只打敌方目标，不打支援力量目标，防止树敌过多，增加敌方阵营力量。对战场区域内军事、民用目标不加区分，肆意打击，不仅会激发对方民众的反抗情绪，还会遭到世界舆论的谴责。当今时代，精确制导武器的发展和大量使用为选择打击目标提供了可能。应将打击目标严格限制在军事目标范围内，不能滥打民用目标。即使是军事目标，也要以打击对战争影响大的核心目标为主，如指挥系统、机场、弹药库等，而不应不分主次，眉毛胡子一把抓。三是限制新兴领域攻击范围。随着时代的发展，战场领域不断向网络、太空等空间拓展，但网络、太空空间关联性很强，如果不加限制，必定会殃及他国和交战国民众利益，引起强烈反对。因此，应采取有力措施，严格限制对网络、太空等目标的攻击范围，避免引发连锁反应。

3. 限制战争规模

战争规模决定着战争的强度，也决定着战争控制的难度。战争规模越大，战争强度就越大，控制战争的难度也就越大。限制战争规模，是控制战争的基础。当今时代，战争更加受政治的制约，局部化、小型化成为其鲜明特征。顺应时代发展，限制战争规模，是遏制战争升级、推动和平进程的必然选择。一是限制投入军队的数量。为确保国家整体安全，并不是兵力投入越多越好，己方兵力投入越多，对方兵力也会相应增加，势必增加对抗的强度和力量的消耗，也会造成后方的空虚，使敌人有机可乘。因此，应根据战争目标、对手力量、作战地域特点来综合确定兵力投入数量，决不能无限扩大使用兵力。二是限制参战的军兵种。随着时代的发展，军兵种越来越多，打击能力也越来越强，但造成的破坏也空前增大，战争升级的危险也随之增加。因此，双方应尽可能限制参战的军兵种数量，在达成默契后，可以同时不使用某些军种或兵种，进而降低对抗的强度，减少损失。三是限制战争动员规模。战争动员是保持战争实力的有效形式，既可为扩大战争规模提供支持，也可以有效威慑对手。但战争动员规模过大，不仅会刺激对方扩大动员规模，也会造成战争资源的极大消耗。因此，应依据战争目标和参战力量需求，灵活实施有限的局部战争动员，坚决防止不切实际地盲目扩大动员范围。

4. 限制战争手段

在战争的打击手段上，应以满足选定的军事打击目标需要为衡量标准，切忌选择过度的打击手段。武器装备是实施战争的工具，其性能状况、杀伤力强弱，影响着战争的范围和规模，也影响着人们对待战争的态度。当代条件下，武器装备的杀伤力空前跃升，特别是对一些违禁武器的使用，往往会给对方造成巨大杀伤力，引起民众极大恐慌，必然招致交战国人民和世界爱好和平力量的强烈谴责，也极易引起敌方的对等报复，进而将战争规模和范围无限扩大。因此，应把限制战争手段作为控制战争强度的重要举措，把使用武器严格限制在常规武器范围之内。一是不使用核武器。核武器的威力和破坏力已经远远超出了战争的需要，如果使用核武器，将给人类造成毁灭性的伤害，这是任何国家和人民都无法接受的。因此，拥有核武器的国家决不能使用核武器或威胁使用核武器，以防止发生世界性灾难。二是不使用生化武器。生化武器是通过微生物、病毒、化学毒素以致人死亡或致病为目标的武器，在战争中使用是严重违反国际法准则和人类道德的违法行为。使用生化武器，必将遭到国际社会强烈反对，不仅无助于控制战争，反而会促使战争升级。三是不使用放射性武器。放射性武器是利用对人体具有杀伤作用的放射性物质来致人伤亡的武器，如贫铀弹等。这种武器虽然没有核武器、生物化学武器对人体伤害那么致命，但也会给人体和生态环境造成长期损害，也是违反人类道德的。因此，应禁止使用放射性武器，以防止授人以柄，引起世界公愤。

二、以和止战实现和平转换

战争有时并不总是按照自己的意愿发展，在许多情况下，很可能无法取得胜利，陷入久拖不决的僵持状态。出现这种情况，或是由于双方旗鼓相当、势均力敌，都无法以绝对优势压倒对方；或是两败俱伤，谁也不想或无力再把战争继续下去；或是一方重新评估了付出代价与获得利益之间的关系而改变初衷，不愿再战。这时候，就要设法以和谈的方式来结束战争，实现和平。

（一）充分发挥国际组织作用

第二次世界大战后，以雅尔塔会议为基础，国际社会形成了以联合国为中心的国际政治体系。联合国成立 70 多年来，虽然还带有大国主导的色彩，存在代表性不足、约束力不够的问题，但和欧盟、非盟、阿盟、东盟、南美洲国家联盟、上合组织等地区组织一起，通过相关章程、协议和协定等，在遏制战争及维护战后国际秩序和各国正当权益中发挥了重大作用，保证了国际社会的总体和平。

1. 通过外交斡旋进行调停

战争爆发后，正义或实力较弱一方，在面对强大的、主动挑起战争的对手时，依靠自身的力量往往难以抗衡。在这种情况下，通常会向联合国、地区安全组织寻求帮助，希望战争早日结束。遏制战争、终止战争也是联合国和地区安全组织的责任和义务。1945年10月生效的《联合国宪章》规定，联合国负责"维护国际和平及安全；并为此目的，采取有效集体办法，以防止且消除对于和平之威胁，制止侵略行为或其他和平之破坏；并以和平方法且依正义及国际法之原则，调整或解决足以破坏和平之国际争端或情势"。因此，联合国和地区安全组织应利用在全球和地区处理事务的合法性和权威性，积极主动介入，秉持公正客观立场，搭建沟通平台，依据国际法和国际规则进行调解，展开外交斡旋，协调双方立场，通过公正合理的决议，力争以和平谈判、发布宣言的方式结束战争，实现和平。如利比里亚内战、安哥拉内战等，都是在联合国和地区安全组织的主导下，以签订和平协议的方式结束战争。如果调解失败，联合国和地区安全组织应通过宣示国际法规公约，督促双方最大限度地控制战争的规模、范围和手段，同时继续进行外交努力，防止战争扩大和升级。在战争前景清晰后，联合国和地区安全组织应发挥外交斡旋主体作用，适时提出和平倡议和条件，主导或协调和平谈判。战争结束后，联合国和地区安全组织还应和当事国积极协商、沟通，在利益分配、秩序恢复、战后重建等方面进行合理规划，并根据需要派驻维和部队协助维稳，防止战火再起。

2. 实施维和行动介入干预

如果外交斡旋不能有效终止战争，联合国和地区安全组织应通过安理会授权，采取强力维和行动手段，约束和终止战争。国际维和行动，是联合国授权采取的军事行动，主要是为战争或冲突双方最终通过政治外交途径解决争端创造条件。在敌对双方自愿的基础上，通过派驻维和部队和观察团，对战争或地区性冲突进行隔离和缓冲，是一种控制战争并使之逐步降级的有效军事手段。自1948年联合国向中东地区部署联合国巴勒斯坦停战监督组织至2018年，联合国已执行了70余次维和行动，来自120多个国家的3000余人献出了宝贵的生命。截至2018年，仍有125个国家的10万余名维和人员被部署在14项维和行动中。[①] 他们负责监督停火、撤军等和平协定的执行并调停冲突，同时在交战国家组织和监督选举、维护法律秩序、安置难民、进行人道救援、解除武装、清除地雷、设置安全区等，对阻止战争、防止人道主义危机、促进和平发展发挥了巨大作用。如2020年在南高加索爆发的纳卡冲突中，亚美尼亚和阿塞拜疆经历了1个多月的殊死较量，双方三度达成停火协议却三度战火再起，最后由俄罗斯派出维和部队进驻纳卡地区，强力维稳，这一地区的局势才日渐稳定下来。同时，为确保维和军事行动效果，还应采取一系列措施进行配合。可对

---

① "UN Peacekeeping: 70 Years of Service & Sacrifice," https://peacekeeping.un.org/en/un-peacekeeping-70-years-of-service-sacrifice.

执意继续战争的一方或双方进行经济制裁，特别是选择对国家经济建设有重要影响的项目，通过冻结资金、阻断贸易等方式，使其国家经济秩序紊乱、生产能力下降，进而给其政府、党派、民众等造成强大的心理压力，迫使其放弃既定目标，无力再战，回归到和平解决战争问题的轨道上来。此外，还可发挥国际法庭裁决的作用。随着国际法规日臻完善，国际法庭对处置国际上各类矛盾纠纷的能力不断增强。如果被侵略国家自身权益确实受到了严重侵犯，在与当事国直接洽谈无果的情况下，可向国际法庭提出申诉，请求国际法庭予以仲裁，依据国际法推动解决。

（二）争取外援保持力量平衡

战争发起后，一方的综合实力处于劣势，无法和对方进行抗衡时，可通过运用外交手段，争取国际盟友援助和支持，壮大己方阵营，分化瓦解敌人，营造不利于敌方的国际环境，力求与敌方总体力量趋于平衡，也是增加谈判筹码、加快向和平转换的有效手段。

1. 争取盟友孤立对手

现代社会中，世界各国之间的关系十分复杂，大多具有动态性的双边或多边关系，使现代国际关系形成了一个巨大的动态网络结构。任何一个地区发生局部战争，都将使该地区各个国家的关系，乃至这些国家与该地区之外的其他国家之间的关系，发生重组和整合。这种由战争而使国际关系发生裂变、聚变反应的客观事实，为战争中的国家利用各种矛盾、发展各种关系、建立某种形式的联盟或联合关系，提供了现实基础。因此，现代局部战争爆发后，实力较弱一方应通过各种手段和途径寻求盟友的支持，并以具有现代特色的军事联合、军事协作、军事支援和军事联盟等形式，尽力扩大自己的军事力量，形成强大的威慑力和打击力，力求与对手达到在综合实力上的平衡。例如，中东国家以色列，之所以敢在阿拉伯国家的包围之中频频使用武力、挑起战争，一个重要原因就是得到了盟友美国的大力支持。同时，实力较弱一方在争取盟友支持的同时，还要展开各种活动，最大限度地破坏对方已有的或可能结成的联盟，削弱甚至孤立对手，以获取更大的用兵效益。例如，在阿富汗战争中，塔利班在2007年通过制造绑架韩国人质事件，迫使韩国中途退出了美国联盟。

2. 取得外援的最佳效果

为在战争中更好地发挥争取盟友、孤立对手这一用兵指导原则的作用，应着重做好以下几个方面工作：一是坚持正义战争，反对非正义战争，这是运用该原则最根本的政治基础。正义战争容易争取和结成联盟，非正义战争则很难结成和巩固联盟。因此，要充分利用战争的正义性，加强对外宣传，揭露敌方发动战争的企图和阴谋，指出其对本地区国家和其他国家的现实利益与长远利益的危害，倡议友好国家和其他国家共同反侵略，一致对敌。二是适时调整国家的某些对外关系，这是运用该原则的重要策略性措施。国家之间的关系，总是存在亲密、友好、平等、矛盾甚至对立的情况。为了在战争中保持主动和优势，就必须在确保国家总体利益的前提下适时调整现存的各种国家关系，或改变某些处理关系的手段和方式。有些情况下需要以共同利益为基本点，搁置某些争议；有些情况下则应做出一些重大让步，为建立最广泛的联合战线创造有利条件。三是利用矛盾全力制敌,这是运用该原则的重要思路。要善于从对方的对内政策及对外关系中发现矛盾,并在指明对方发动战争罪行及危害的基础上,通过各种渠道展开政治宣传,军事上封锁其与外界的经济交往,断绝其作战物资和武器装备来源,以达到政治上孤立敌人、经济上拖垮敌人、军事上削弱敌人,迫其知难而退的目的。四是处理好与盟军或友军因民族和文化差异而出现的矛盾,这是保证该原则能够顺利运用的重要环节。当代战争,为了取得用兵的最佳效果,极有可能出现盟军或友军联合作战的情形。为使来自不同国家、不同民族、不同宗教信仰的各种作战力量形成共同对敌的有机整体,必须十分注意和处理好因民族特点和文化习俗等方面差异而出现的矛盾,使各国军队之间了解彼此的历史、风俗、宗教、法律等情况,并制定相应的军规军纪,确保联合作战力量的有机运作。①

(三) 以停战谈判方式实现和平

当作出以谈判方式结束战争的决策时,就要进行精心的准备,选择恰当的时机,将自己的意图传递给对方,以谈判为主,其他方式密切配合,力争达成对己有利且实现和平的目的。

1. 适时释放和平信号

战争没有绝对的胜利者,往往是两败俱伤或者"杀敌一千,自损八百"。因此,当战事出现对己方有利的时机时,应适时地释放出和谈的信号。如果一昧认为主动提出结束战争是示弱的表现,则很可能会错失良机。一是通过各种媒体释放和

---

① 朱梅生:《军事思想概论》,国防大学出版社 2000 年版,第 446—447 页。

谈信号。当今世界，科技水平日新月异，利用国际网络平台是最方便和迅捷的手段，能够适时地将自己的终战意愿转达给对方。在网络不发达或信号遭干扰、屏蔽的地区，散播视频资料或停战传单等也是很好的办法。二是通过国际组织转达和谈的信号。作为负有维护和平责任的联合国、地区安全组织，往往会在战争爆发后很快介入，它们都是合适的和平使者，及时将结束战争的想法通过国际组织转达给对方，能够达到事半功倍的效果。三是通过第三国或组织转达和谈的信号。有时战争本身得到了联合国的授权，或联合国受到大国的操纵，这时选择一个与交战双方没有直接利益关系的第三国或组织来进行调停是一种非常明智的选择。

2. 选择灵活终战方式

做出结束战争决策后，还要确定好结束战争的方式。结束战争的方式关系着交战双方利益实现的程度，是制约战争能否顺利结束的重要方面。如果所选择的方式不符合客观实际，则会给己方造成严重损失。一是以让步方式结束战争。如果敌方实力强大，形势发展对己方不利，再将战争继续下去，将会面临被打垮的严重后果，则应选择适当退让的方式结束战争，以避免更大失败。但退让不能毫无节制、毫无底线、毫无原则，过度让步反而会诱使对方得寸进尺，也会引起国内民众强烈反对，致使国内政局不稳。二是以折衷方式结束战争。在中国，强调中庸之道，意思是不执两端，而取其中。如果双方势均力敌、旗鼓相当、谁也战胜不了谁，或是两败俱伤、谁也无力把战争再继续下去，或一方重新评估了利害关系而改变初衷，则可采取折衷方式结束战争。在这两种情况下，双方均没有获胜希望，战争再进行下去，只能造成无谓的牺牲，此时以中庸方式将问题搁置起来，自觉停止战争，不失为一种明智的选择。三是以革命的方式结束战争。最典型的是十月革命使俄国退出了第一次世界大战。1917年2月，俄国爆发了二月革命，沙皇尼古拉二世被迫退位。但是资产阶级临时政府不顾人民的反对，仍继续参加第一次世界大战，引发国内人民的不满。1917年11月，布尔什维克党领导的十月革命推翻了资产阶级临时政府，建立了苏维埃政权。不久，通过与德国的谈判，俄国最终宣布退出第一次世界大战，实现了人民渴望和平的愿望。

3. 以军事手段配合停战谈判

进入和平谈判阶段后，由于涉及利益角逐，斗争往往会很激烈，双方通常各执己见，互不相让，致使战争结束困难重重。因此，应采取边打边谈、打谈结合的方式，利用军事手段配合和平谈判，以军事上的压力赢取在和谈中的有利地位，最终达成有利于己方的协议。一是选择战场上最有利的时机进行谈判。战争的决策者必须头脑清晰，要根据当时的客观情况，对敌我双方的实力做出准确客观的判断。胜利时要看到自己面临的困难，失利时要看到自己存在的优势，在战场上于己最有利的时机进行谈判。二是根据战况提出可行的和平方案。战争之所以升级，主要是双方存在矛盾纠纷，只考虑各自利益，说不和，谈不拢，达不成一致意见。随着战争的进行，双方对利益诉求认识更加清晰，如果能根据战场上的实际态势，着眼维护双方核心利益，找到双方利益的契合点，拿出双方都比较能接受的折衷方案，则结束战争就有希望。三是以军事行动配合谈判。战场上得不到的，在谈判桌上也不可能得到。因此，在战场上找到对手的软肋和弱点，并进行坚决的打击，则会给对手以极大震慑，增加实现和平的可能。

第六章

努力实现战后持久和平

通常情况下，战争一旦结束，人们最渴望的就是尽快消除战乱及其影响，重新过上祥和安定的生活，通过恢复经济发展，重启国家建设，实现和平和国家的长治久安。然而，从战争回归和平，并非简单的挡位切换，往往需要经历一个相对漫长而充满风险、困难和挑战的过程。因此，战后参战各方，尤其是战胜方，必须扎实开展各项工作，着力重塑内外安全环境、构建持久和平机制和抓好战后重建工作，确保国家总体局势持续稳定。

一、重塑内外安全环境

伊拉克战争和阿富汗战争之后的持久动荡表明，战场上的军事胜利并不等于政治上的安宁和经济上的发展。总结它们的战后重建经验和教训，可以清楚地看到，无论是战胜方还是战败方，都需要重新塑造内部和外部的安全环境，为恢复和保持国内稳定、重启社会经济发展、实现持久和平创造良好的条件。

（一）内部安全环境

对国家（地区）而言，内部安全环境是指社会生活的安定、协调、和谐和有序，是相对社会动荡而言的一种社会状态，是包括政治稳定、经济稳定、社会秩序稳定的有机统一体。它们之间相互作用、相互依存，在一定的结构形式中被整合为一个动态发展的社会稳定系统。不论是一国的内战，还是两国或多国之间的战争，在战争结束时，被占领国（地区）的内部安全环境往往已经遭到严重破坏，因此，战胜方通常应当迅速建立或扶持建立临时行政管理机构并展开工作，及时修复和重塑被占领国（地区）的内部安全环境，推动实现战后持久和平。

修复和重塑内部安全环境的关键在于化解内部矛盾。战争结束后，战胜方在建立行政管理机构并展开工作时，应采用多种方式方法，努力消除各方政治分歧，搞好利益分配，化解内部矛盾，争取民众支持，推进战后重建进程。例如，阿富汗成立过渡政府后，立即将经济重建、打击恐怖主义、惩治犯罪和消除腐败列入过渡政府的工作重点，以此赢得民心、树立政府权威。[①] 在此过程中，过渡政府还不失时机地与国内各个政治派别和武装组织建立沟通协商渠道，求同存异，努力消除内部原有分歧，持续巩固安全稳定成果。

---

① 张国庆：《一个人的世界：透视布什》，世界知识出版社2007年版，第56—57页。

(二) 外部安全环境

重塑外部安全环境，主要包括营造和强化国际和地区安全环境。

战争结束后，为了尽快营造有利于实现战后持久和平的环境，战胜方必须从政治、外交、经济等层面，设法迅速、彻底清除各种外部威胁，防止和阻断域外敌对国家和敌对势力对域内残敌和其他武装力量等的支持。与此同时，积极开展政治、外交、舆论宣传等活动，迅速争取国际社会尤其是邻国的理解、支持和配合，解除外部原先强加的各种制裁，终止域外干涉干预。通过适时重返国际组织、地区组织，参加区域经济和安全合作机制等方式，及时修复国际关系，解决或缓和原有国际争端，向国际社会展现崭新姿态，真正融入世界发展潮流，为顺利开展战后重建、实现持久和平营造有利的国际和地区环境。

二、构建持久和平机制

实现战后持久和平，往往需要一个相对漫长的过程，因此，战胜方应该从长计议，着眼战略全局，切实构建一个有利于维护长期稳定与安全、确保持续推进战后重建进程的长效机制。

（一）国际和地区合作机制

战争结束后，一旦成立临时行政管理机构，就需要优先考虑构建国际和地区合作机制，以此推进战后重建，实现持久和平。主要措施包括：

1. **参加国际合作机制**

重返或加入包括联合国在内的各类国际组织，并积极支持和参加其活动。同时，恢复外交活动，允许外国在域内重开、新建各类外交机构和非政府组织等，向国际社会郑重承诺并切实遵守《联合国宪章》、国际公约和其他公认准则，有序开展各类国际安全与发展活动，争取国际社会对推进战后重建、实现战后持久和平的有力支持。

2. **有效利用地区合作机制**

选择性地重返原有地区合作机制，适时加入新成立的区域性组织，重点加强与周边国家和地区的交流合作，切实消除外部疑虑、不断增加互信、持续开展务实合作，充分利用地区合作机制，稳步推进实现持久和平的步伐。

（二）建立法规保障机制

任何行动都应该做到"师出有名""有法可依"。无论战胜方是国家集团还是单个国家，在筹划和实施战后重建进程、开展军事和民事行动时，都必须寻求相应的法理依据并全程得到法律保障。同样，临时行政管理机构成立之后，事关战后重建的重大政策和项目也应当纳入法律法规保障框架，从而使包括实现持久和平在内的所有军事和民事行动获得相应的法理支持。

1. 建立完善的法规机制

在战后重建的专职领导机构内，应设立法律部门，并配备相应工作人员，同时，遵循"精干高效，功能齐全"的原则，与上级临时行政管理机构中的立法、司法和执法部门相对应，形成一个上下耦合联动的闭环法规保障体系。

2. 制定和遵守相应法规

应当及时制定新的法规，或遴选利用原有的法规，并加以严格遵守，逐步形成一套适合域内客观实际的法规体系，持续向战后重建、实现持久和平提供全程、全维度法律保障。

（三）建立军事管控机制

回顾历史，战争刚刚结束后，战胜方立即对占领国（地区）实施全面军事管制，既是战后重建、实现持久和平的一个必经阶段，也是一种行之有效的刚性措施。第二次世界大战以后的实践证明，军事管控通常贯穿于战后重建全程，能够对迅速恢复和平、保持持久稳定与安全发挥独特作用。因此，为了加速实现持久和平，需要及时建立军事管控机制并发挥其安全保障作用。

1. 迅速建立军事管控机构

军事管控机构通常由战胜方主导建立，并调配相应的军事力量，迅速形成以部分参战部队为支撑的军事管控体系，运用包括强大军事控制能力在内的综合实力，获得持久的稳定与安全。

2. 及时制定军事管控法规

军事管控机构必须根据己方的总体战略需要，在相关力量和机构的支援配合和参与下，及时制定符合被占领国（地区）实际、符合法律程序的一系列军事管控政策、条例条令和具体措施，并加以运用，确保政治、经济和法律秩序的及早恢复和常态化运行，保障居民的正常生活生产秩序。

（四）建立检查监督机制

在组织实施战后重建、实现持久和平过程中，由于各项具体行动的展开往往会因情势变化而出现偏差，对整个进程产生不利影响，战后重建专职领导机构必须肩负对行动的规范性、实效性等进行不间断监督的职责，通过有效运用检查监督机制，及时纠偏，防止出现重大人为失误。

1. 适时建立检查监督机构

在组建战后重建专职领导机构时，通常同步建立专门负责监督监察的职能部门，配备相应人员并赋予特殊权力，形成一套不受行政管理权力约束的独立检查问责机制。

2. 及时制定检查监督法规

检查监督部门应当及时制定和分步实施相应的检查监督政策法规，严格用于战后重建和实现持久和平的整个进程，确保对重建工作的筹划决策、组织实施、协调保障等主要阶段或时间节点，尤其是对重大关键性行动，发挥强有力的监督问效作用。

三、抓好战后重建工作

抓好战后重建工作，是实现持久和平的可靠依托和根本保障，也是战后重建专职领导机构的核心职能。战后重建工作，通常时间跨度较长，涉及占领国（地区）域内所有行业和领域，包括政治、经济、外交、行政管理、社会保障等部门或机构的重建、重组、改造及其重新划分和确立各自职能、职责等事项。所以，抓好战后重建工作，必须贯彻战胜方的政治意图，着眼实现预定的总体战略目标，围绕推进局势稳定与安全、发展经济、保障民生等主线，按照战后重建总体规划，从客观实际出发，针对不同阶段、不同行业领域的特点，在统一领导下，灵活务实地开展工作。

（一）政治重建工作

战争结束后，战胜方必须发挥主导作用，适时会同相关各方，对占领国（地区）的政治体制、政治管理机构和运行方式等进行统一规划和总体安排，包括对前政权进行政治清算、对前政府进行必要改造，重新确立政治体制、内部机构和人员组成、职权划分等。[①] 该项工作的核心是，设法使域内不同的党派和相关政治派别在政治层面达成实现持久和平的共识，消除或搁置重大政治分歧，为推进战后重建、逐步向民事管理机构移交社会经济等治理权力和职能奠定必要基础。

1. 确定政治体制

政治重建伊始，战胜方必须根据己方的战略构想和战争发起前的预定目的，针对政治、经济、文化、宗教等客观情况，灵活确定和选用具体类型的政治体制。例如，1945 年 8 月 15

---

① 郭孟奇：《伊拉克战后政治重建研究》，西北大学 2009 年硕士学位论文，第 8 页。

日，日本宣布无条件投降，美军随后全面占领日本。美国驻日盟军根据本国政府确定的"确保日本今后不再成为美国的威胁，不再成为世界和平与安全的威胁，最终建立一个和平与负责的政府"[①] 的目标，主导了日本的战后政治重建。其中，对日本的民主化改造，包括进行土地改革、解散财阀、肢解军工企业、修改宪法、实行宗教和出版自由、改革教育制度等，彻底将日本神道教与国家政治、学校教育分离，破除了天皇在日本民众中至高无上的观念，[②] 为而后成立所谓的"民主政府"、推进战后重建和有序移交社会管理职能奠定了坚实基础。

当然，如果战胜方认同原有的政治体制，也可以在政治重建中不对其进行彻底摒弃，而是进行必要改造和优化。

2. 建立行政管理机构

战胜方如果决定彻底改造战败方的政治生态，就必须在战争结束后首先组建行政管理机构并配备相应人员。此时，行政管理机构既可能是一种临时性组织，也可能是一种特殊形式的最高权力机关，抑或是战胜方扶持建立的过渡政府。例如，2003年4月9日，以美国为首的多国部队占领巴格达后，立即成立"伊拉克临时管理委员会"，履行临时政府职能。

无论是何种名称的行政管理机构，主要任务都是通过协商、谈判、签约等方式，促使相关主要政治力量就战后重建、实现持久和平达成一致意见。在此基础上，做出各方认同、接受、遵守和可执行的总体政治安排，主要包括统一的政治目

---

① 汤重南等主编：《日本帝国的兴亡》（下卷），世界知识出版社1996年版，第1477页。

② 汤重南等主编：《日本帝国的兴亡》（下卷），世界知识出版社1996年版，第1477页。

的、明确的总体目标、清晰的阶段计划、可行的解决方案等。

随着政治重建的顺利展开，一旦战败方的总体安全形势根本好转或得到有效管控，战胜方应当及时主导和推动建立正式政府或相应的行政管理机构。例如，2004年3月8日，在美国主导下，伊拉克各主要政治派别共同签署了临时宪法，确定了国家采用以伊斯兰教为国教的联邦制政治体制，并于同年6月1日成立临时政府，英美联军于28日向该政府移交主权。[①]

在建立行政管理机构方面，必须力求形成层次分明、上下联动、相互协作的崭新管理体系。为此，应当灵活采取多种方法，提高效率。例如，接管原有的政府机构，选用原有的设施和部分专业人员，改造和有效利用原有的管理体系等。

（二）经济重建工作

经济重建工作是战后重建进程的核心要务之一，也是实现持久和平的重要物质基础，因此，战胜方必须高度重视经济重建问题，建立的行政管理机构特别是政府，更应当把重启经济运行、发展经济和保障民生列为优先任务。

1. 恢复和重启必需的基础设施

必需的基础设施主要包括交通、供水、电力、通信、食品加工生产等设备设施。在恢复和重启过程中，必须注意安全防范，通过安排和落实各项安全检查和保卫警卫等措施，防止敌对人员混入并伺机制造事端或实施破坏。

[①] 黄民兴：《中东历史与现状十八讲》，陕西人民出版社2008年版，第142—143页。

2. 协助生产企业重新运行

这是将战败方有效融入己方经济管理、实现持久和平的必要途径。主要工作包括：一是协助维护经济秩序。严格管理生产和流通环节，控制商品的市场价格，严禁任何商家借机哄抬物价，囤积居奇，扰乱市场。具体包括参与了解生产行业的状况，辨识企业归属，协助动员、督促当地业主重新开业；以物力、人力支持政府监管城市社区、城乡商业与贸易活动；协调解决开业过程中遇到的困难和问题等。二是协助保障生产安全。对于至关重要的电、水、燃气（油）等生产供应企业，应按照经济重建的统一计划和目标保护范围，实施严密的安全保卫措施，严防敌对分子的袭击破坏，避免再次对域内民众生活生产造成不利影响。例如，加大对水源地、电力输送线网等的全程、全区域保护力度等。三是协助重启国内国际贸易。生产企业，特别是商品生产厂商，其生产的正常展开，取决于产品销售能否完成，并形成正常的经济循环。在经济重建过程中，由于产品销售、运输、市场等不能像和平时期那样由企业自行决定，难以在占领国（地区）内实现跨区域自由流通和国际贸易，因此，必须设法协助企业，帮助它们解决在国内国际贸易中遇到的实际困难，积极推动整体经济发展进入良性循环。

3. 抓好工业中心的经济重建工作

战胜方在占领国（地区）内实施经济重建时，尤其要重视抓好大城市的经济重建工作，因为它们通常是国家或地区的经济中心、工业重镇，是牵动经济发展的关键所在。毛泽东同志曾说过："从我们接管城市的第一天起，我们的眼睛就要向着这个城市的生产事业的恢复和发展。务须避免盲目地乱抓乱碰，把中心任务忘记了，以至于占领一个城市好几个月，生产建设的工作还没有上轨道，甚至许多工业陷于停顿状态，引起工人失业，工人生活降低，不满意共产党。这种状态是完全不能容许的。"他还强调说："如果我们在生产工作上无知，不能很快地学会生产工作，不能使生产事业尽可能迅速地恢复和发展，获得确实的成绩，首先使工人生活有所改善，并使一般人民的生活有所改善，那我们就不能维持政权，我们就会站不住脚，我们就会要失败。"①

（三）安全重建工作

安全重建工作，主要指营造持续稳定的安全环境，向其他领域的重建工作提供安全保障。它贯穿战后重建全程，着力点在于剿灭残余武装和敌对势力，消除各种影响稳定与安全的隐患，目的是迅速恢复和持续保持内部和外部安全。

1. 实施军事管制

战争刚刚结束、局势混乱时，应当充分发挥已经建立的军事管控机构的作用，迅速对占领地区实行全面军事管制。先恢复当地的社会治安和总体稳定，待安全局势相对稳定或可控之后，再针对不同区域的不同威胁情况，分步实施相应的管控措施。

军事管制的主要方法有：一是实施城市管控，即对占领的城市（镇）实施有效的管制，通过稳定城市（镇）内部和郊区的局势，进而减少和消除周边地区存在的安全隐患。未来随着世界各国城镇化水平的持续提高，战胜方管控城镇的重要性

---

① 《毛泽东选集》第4卷，人民出版社1991年版，第1428页。

和必要性进一步增强。二是实施乡村管控。如果占领国（地区）属于发展中国家（地区）或者总体经济社会发展水平较低，那么，管控广大乡村的任务将异常繁重。三是实施联防联控，即在一定区域内，针对不同的威胁对象和种类，混合搭配和灵活使用多种管控措施，着力消除破坏安全稳定的因素。

2. 重组重建安全力量

安全力量，通常是指军队和其他执法机构等强力部门。战胜方在战败方组织实施安全重建工作时，必须根据政治重建和经济重建进程的发展需要，适时重组重建当地的武装力量和警察部门等。战胜方必须帮助新成立的政府适时建立自己的安全部队，并通过提供装备器材、协助训练、组织联合演习等方式，不断提高其作战行动能力，从而减轻威胁战胜方的安全压力。例如，美军占领伊拉克后，伴随临时政府的建立，同步协助建立了伊拉克军队和警察力量等，并持续向其提供各种援助，逐步增强其应对内部和外部安全威胁的能力，直接为政治和经济重建工作提供安全支撑。

3. 及时主动发起行动

为了恢复和保持占领国（地区）域内的稳定与安全，需要积极采取必要的军事行动或其他安全措施，最大限度地根除威胁战后重建工作的不利因素，包括搜剿残敌、守护重要目标、局部戒严、平暴反恐、灾难救援、协助救助难民，以及其他维护社会治安的行动等。当然，上述所有行动的展开必须做到规模可控、强度适中、合法遵规，并始终注重加强跨部门、跨领域的协调协同，必要时借助国际支持支援等。

4. 适时重新开放边境

安全重建与其他领域的重建工作密不可分，特别是在处理难民遣返与安置、组织人道主义救援、遣散和安置原政府和安全机构人员、打击跨国犯罪、组织国际反恐行动等方面，更需要通过加强国际合作的方式加以有序解决。因此，一旦占领国（地区）的稳定与安全局势允许，应当重开边境，积极开展地区和全球合作。

（四）人文重建工作

人文重建工作，是指积极推进科技、教育、文化、宗教、体育、卫生等领域的保护和发展等事务，通过开展国际交流，适时向社会开放相关设施场地，重启具体领域的活动，提供相应服务保障，助推其他战后重建工作。

1. 保护重要的人文目标

在组织实施政治重建等工作的同时，向占领地区内对人文环境发挥重要作用的科教文宗等各种设施和从业人员提供安全保障。例如，科学研究方面的各种科技产业研发、生产园区等，教育方面的各类高等院校、中小学校园、幼儿园、其他各类培训机构等，文化方面的各类博物院（馆）、历史古迹、名人故居、重要的公共娱乐设施等，宗教方面的各种宗教聚会场所、朝拜场所和相关人员等。要切实采取有效措施，防止上述目标遭到破坏损毁，进而严重伤害民众感情、影响民心归顺，同时防止被敌对势力宣传利用，在民众中造成极大的负面影响。总之，要根据不同目标性质和特性，妥善采取相应的保护、防护、修复等措施，避免人为破坏等引发大规模争端和宗教冲突。

2. 重启人文交流活动

在确保安全的前提下，优先重新开放医院、学校、公共体育场馆等，尤其要加大教育培训和舆论宣传的力度和广度，把控舆情主动权，争取更多战败方民众和国际社会的理解、好感、信任和支持。同时，适时重启科教文卫体等的地区和国际交流活动，以柔性方式，助推其他领域的战后重建工作，加速实现战后持久和平。

附件　案例研究

一、安哥拉内战

安哥拉内战表面上是安哥拉独立战争结束后，其国内两个主要党派之间为了争夺执政权而进行的武装斗争，实际上则是支持一派的苏联和古巴，以及支持另一派的美国和南非在安哥拉的政治角力，是美苏两大阵营在安哥拉进行的一场代理人战争。从1975年葡萄牙统治者撤出安哥拉，安哥拉各派力量结构失衡导致内战爆发，到2002年反对派武装领袖若纳斯·萨文比被政府军杀死，交战双方签署和平协议，这场内战因其旷日持久，又被称为27年战争。

这场战争体现了如何在长期的国内战争中实现战争向和平转换的艰难过程。

（一）战争背景

安哥拉位于非洲西南部，属葡萄牙在非洲的殖民地之一，有着石油等重要的战略资源，战略地位十分重要。20世纪50年代中期，伴随着非洲地区民族意识的崛起和民族解放运动的兴起，安哥拉国内先后成立了三个反对葡萄牙殖民统治的民族解放组织，即阿戈蒂纽·内图领导的安哥拉人民解放运动（以下简称安人运），霍登·罗伯特为首的安哥拉民族解放阵线（以下简称安解阵），乔纳斯·萨文比领导的争取安哥拉彻底独立全国联盟（以下简称安盟）。从1960年开始，安哥拉国内的三个民族解放组织开始对葡萄牙殖民当局展开游击战争，尤其是得到苏联和古巴支持的安人运实力不断增强。而美国将安人运的崛起视为苏联在非洲影响力的扩大，为向苏联展示其虽从越南退出，但仍具有遏制苏联的能力，美国大力支持安人运的敌人安盟与安解阵。美苏两大阵营不断加大对安哥拉内战的介入，加速了局势的升级。在苏联的军事支持和古巴派军直接参战的情况下，安人运消灭了安解阵主力部队并将安盟逐出大城市。安盟则对内依靠最大部族奥温本杜族，对外在美国与南非的支持下，愈战愈强，在占领区成立政府，与安人运抗衡，外国势力的介入使得安哥拉内战更趋国际化和更具复杂性。随着苏联的解体、冷战结束，安哥拉交战各方背后所傍的大国纷纷希望从安哥拉事务中摆脱，国际社会也加大了对安哥拉的斡旋力度，安哥拉和平进程开始。交战双方三次签署和平协议，但因一方缺乏和平诚意，屡次撕毁和平协议，冲突和战争不断。

（二）战争经过

安哥拉内战时间跨度长达27年，具体可以分为三个阶段。第一阶段（1975—1991年）：安人运和安盟为争夺政权点燃内战，经调停双方签署和平协议。

1974 年 4 月 25 日葡萄牙发生政变，葡萄牙新政府开始对海外殖民地采取非殖民化政策。安哥拉由此出现统治权力弱化，安人运、安解阵、安盟三派民族解放力量为争夺国家权力而展开博弈，并将大国势力引入安哥拉以增强自身力量。安人运与苏联一直保持着传统的联系，葡萄牙政变后，苏联看到这一契机，开始提供援助，加强同安人运的关系。安解阵则与美国有着传统的关系，美国曾对安解阵有过援助，因此美国成为安解阵拉拢和投靠的目标。另外，美国早在 1974 年下半年就开始关注安哥拉局势，出于对葡萄牙左翼的社会党和共产党可能上台执政的担心，美国开始重视葡属非洲殖民地未来的发展趋势，并积极向安解阵提供军事和资金支持。随着两派的激烈对抗，苏联和古巴支持的安人运取得了局部胜利并掌握政权，在葡萄牙的调停下，1991 年，安人运政府总统多斯桑托斯与安盟主席萨文比在葡萄牙里斯本正式签署《比塞斯和平协议》，持续了长达 16 年的安哥拉内战暂时宣告结束，安哥拉国内暂时稳定。

第二阶段（1992—1994 年）：安盟领袖萨文比不满选举结果再度挑起内战，经斡旋双方再度签署和平协议。

根据安人运和安盟签署的和平协议中的多党民主原则，通过联合国监督下的大选，产生总统和政府，按比例代表制建立议会。竞选期间，安盟领导人萨文比在第一轮选举中失利，其拒绝接受选举结果并再次挑起内战。第二轮内战中，联合国对安盟进行了强力制裁，同时美国宣布正式承认安哥拉政府。在战场形势不利、安盟控制区已减至全国面积的 15% 且国际社会压力增大的情形下，萨文比又回到了谈判桌前。1993 年上半年，安哥拉政府和安盟再度举行和谈，终因分歧太大，均告破裂。随后国际社会再度为安哥拉民族和解做努力。在联合国积极斡旋下，在美国、俄罗斯和葡萄牙3个观察员国以及南部非洲各国热心撮合下，安哥拉政府和安盟最终还是以国家利益与民族和解大业为重，在相互做出了让步和妥协后，于1994年11月20日签署了《卢萨卡和平协议》，安哥拉又一度恢复和平。

第三阶段（1998—2002年）：安盟领袖萨文比再度挑起内战，后被击毙导致内战最终结束。

由于1994年签署的《卢萨卡和平协议》未能得到有效落实，为推动和解，1997年，以安人运为主、安盟成员参与的民族团结和解政府成立。1998年，萨文比率领安盟成员再次退出政府并发动战争，使和解进程再次陷入僵局。萨文比因屡次背信弃义、破坏和平进程而在国际上陷于道义孤立，安盟内部也面临四分五裂、四面楚歌的局面，只是凭借占据钻石矿区和石油产区而得以负隅顽抗。2002年2月22日，安人运政府军以一个颇具戏剧性色彩的"小小战役"，击毙了安盟领导人萨文比，安哥拉形势立即出现转机。经过一系列谈判，4月4日，已经溃不成军的安盟武装同政府军最终达成停火协议，安哥拉内战宣告结束。

（三）主要启示

安哥拉内战是20世纪70年代冷战缓和时期发生在第三世界的一场重大冲突，美国、苏联、古巴、南非等国相继介入其中。内战虽起源于国内的种族矛盾，但却因处在冷战的特殊环境下，受到美苏为首的多国干涉，最后转化为一场涉及古巴和南非的多国战争。安哥拉内战牵扯国家之多、影响范围之广、时间之长，反映了国与国之间的关系之复杂，实现战争向和平转换的道路之曲折，实属罕见，带给我们诸多启示。

1. 民心所向可有效驱动战争向和平转换

长达20多年的安哥拉内战使全国1100万人口中的50多万人丧生，200多万人背井离乡，沦为难民，约250万人依靠联合国和其他国际组织的救济为生，全国75%的工矿企业关闭，90%的农田荒芜，公路、铁路等基础设施陷入瘫痪。这场历时最久、最残酷的内战已使安哥拉交战双方元气大伤，国家通货膨胀率奇高，人民生活苦不堪言。特别是冷战结束后，国际社会要求和平的呼声越来越高，由美国和南非支持的安盟对抗由苏联和古巴支持的安哥拉政府的局面不复存在，安哥拉政府和安盟无力再打下去，双方罢手言和已迫在眉睫。双方和安哥拉人民结束战争的意愿强烈，要求停战的民心成为安哥拉内战走向和平的内在驱动力。

同时，南部非洲走向和平稳定的大潮也从外部大环境推动着安哥拉由内战走向和平。南非在1994年4月大选后，结束了长达数十年的种族隔离政策，南部非洲的局势发生重大转折。莫桑比克顺利举行首次多党选举，津巴布韦、马拉维、博茨瓦纳、纳米比亚、赞比亚、坦桑尼亚和肯尼亚等国政局逐渐稳定。安哥拉内战有悖于南部非洲和平的大环境和总趋势。因此，南部非洲国家领导人纷纷出面调解安哥拉冲突。渴望并要求和平的民心所向以及所有的外交努力对帮助安哥拉结束内战、实现战争向和平转换发挥了关键作用。

2. 大国干涉左右战争与和平转换

第二次世界大战结束后的很长一段时间内，非洲并不是美苏等大国外交的重点地区，包括安哥拉在内的南部非洲更是极少受到关注。冷战初期，欧洲一直是两大阵营争夺的重点。然而，随着冷战的进一步发展，美苏双方在欧洲形成了比较均势的对峙，都无法在欧洲打开新的局面。到了20世纪70年代，非洲的许多国家或刚刚取得独立，或还处于民族独立解放的抗争中，新独立的国家和将要独立的国家在如何确立自己的发展道路上面临抉择，这也给处于争夺世界霸权的美苏两国提供了干涉的契机。安哥拉此时正处于民族独立的浪潮中，美苏两国也看到了干预的有利时机。由此，美苏两大阵营开始在安哥拉展开激烈争夺，其本质就是在新的独立国家进行社会制度的实践，是两种意识形态的对立，从而导致安哥拉沦为冷战时期的新战场。

一方面，安哥拉内战的爆发有其深刻的国内根源，可以说安哥拉内战的爆发是其种族、文化等矛盾不可调和的产物。另一方面，安哥拉内战的各民族解放组织也都离不开他国的支持，内战的规模也与美国、苏联、古巴、南非等国的介入和支持的程度有关。首先，美苏等国对安哥拉内战的干涉，对安哥拉内战的激烈程度和持续时间都造成了很大的影响。其次，冷战结束后，外部势力干涉变小，苏联退出，美国加大介入，左右着安哥拉内战的和平走向。在此期间，美国调整了对安哥拉的政策，放弃了对原来反苏军事力量的支持，更加强调用民主方式解决安哥拉冲突，避免过多地卷入安哥拉乃至整个非洲大陆的争端，避免外交政策背上沉重的包袱，但对安哥拉的干涉并没有停止，其立场对安哥拉内战向和平的转换起到了决定性的作用。在美国的压力下，安哥拉政府与安盟展开谈判，而安盟在失去美国的支持后，也最终走向了失败。纵观安哥拉内战的整个过程可以看出，从安哥拉内战爆发，到安哥拉最终走向和平，都离不开大国介入的影子，外界大国干涉一直影响着安哥拉的和平进程，甚至逐渐成为左右安哥拉内战向和平转换的决定性因素。

3. 力量失衡影响战争向和平转换

安哥拉是重要的战略要地，拥有重要经济和地缘政治价值。以美苏为首的大国对安哥拉各怀心事，你追我赶，暗中争夺十分激烈。冷战时期，美苏两霸为了争夺安哥拉，各自控制着自己的势力范围，安哥拉地区的冲突基本上是美苏两霸代理人之间的冲突，既以美苏争夺和干涉为背景，也受制于两霸。冷战后，虽然安哥拉地区冲突是由两个超级大国争夺霸权的隐患所致，但地区冲突与以前不同，带有明显的部族主义、地区主义和国家分裂主义倾向，冷战时期长期被掩盖的政治、部族和宗教矛盾明显地暴露出来，包括安哥拉在内的许多非洲国家固有的部族冲突和社会矛盾得到激化，致使这些国家陷入混乱。随着苏联解体，苏联在安哥拉的势力范围不复存在。两大阵营的力量对比在安哥拉乃至整个非洲开始失衡，力量优势的天平向美西方倾斜。美国等西方国家借此时机，争相填补苏联撤出的"战略真空"和"意识形态真空"，以适应西方国家战略利益的需要。于是，美国和西方国家借联合国的名义实施了干预安哥拉政局走向的一系列行动，表面上是缓解地区紧张，防止冲突蔓延，实际上则是重新调整战略，意图掌控对该地区的影响力和控制力。因此，在安哥拉地区发生的武装冲突和政治动荡，都是世界格局的变化造成力量失衡的后果，在某种程度上，安哥拉内战背后各方力量此消彼长最终影响着战争向和平的转换。

二、马尔维纳斯群岛战争

马尔维纳斯群岛（以下简称马岛，英称福克兰群岛）战争，是1982年英国和阿根廷两国围绕马岛主权归属问题进行的以争夺岛屿为目的的局部战争。这场战争自1982年4月2日至6月14日，历时74天。它是第二次世界大战结束以来南大西洋首场规模较大的海上战争。

这场战争体现了大国对小国之战、战争与和平相互转换全过程的鲜明特点。

（一）战争背景

在马岛战争中，英阿双方博弈的战略目的在于争夺马岛、南乔治亚岛、南桑德韦奇群岛及其附近海域的主权。马岛主权之争的背后隐藏着对战略要地和自然资源的争夺，是英国和阿根廷在马岛多种利益冲突的体现。

马岛西距阿根廷500多公里，由上百个岛屿组成，总面积约1.2万平方公里，首府阿根廷港（英称斯坦利港）。南乔治亚岛距马岛约1300公里，总面积约3700平方公里，首府格里特维肯港。南桑德韦奇群岛由7个岛组成，陆地总面积约310平方公里。三个群岛由于地处南大西洋和南太平洋的航道要冲，又是通往南极的大门和前进基地，其战略地位十分重要。

马岛争端由来已久。早在1816年阿根廷正式独立之前，英国同西班牙就对马岛主权存在着争议，双方也曾为此进行过战争。1770年，西班牙曾将英国赶出大马尔维纳斯岛（英称西福克兰岛）。1806年英国占领布宜诺斯艾利斯。阿根廷独立后，以继承西班牙对马岛的主权为名，宣布马岛为阿根廷领土的一部分。英国则正式声明马岛主权属英国。1832年12月和次年1月，英军先后占领大马尔维纳斯岛和索莱达岛（英称东福克兰岛）。1908年7月4日，英国宣布，南纬50度以南、西经80度以东，包括南乔治亚岛和南桑德韦奇群岛在内，均属英国统治区。自英军正式占领时起，两国就马岛主权进行了反复多次谈判，但毫无进展。马岛战争的根源正在于此。马岛战争爆发的近因是，1982年2月英阿双方谈判破裂，阿根廷政府决定以包括武力在内的"其他形式"解决争端。3月18日，阿根廷政府派人在南乔治亚岛升起国旗，引起英方强烈抗议，两国关系恶化。接着，阿方先下手为强，于3月28日出兵，4月2日登陆马岛，马岛战争爆发。

（二）战争经过

战争爆发后，英国和阿根廷对马岛局势进行了认真分析和战略判断，并制定了相应的作战方针。两国分析研判的正确与否对局势的走向产生了重要影响，并对马岛战争的结局起到了关键性的作用。

一是英国方面。英国获知阿军夺占马岛的消息，立即召开紧急会议，分析马岛局势和国内外对此所作出的反应等问题，最后在战略上作出判断：马岛归属问题尚待谈判解决，阿方就以不宣而战的方式将其夺占，难以得到国际社会的同情与支持；从维护国家利益出发，出兵马岛，将得到全国的支持；阿根廷虽同西方国家关系密切，但是从利害关系考虑，如果与阿根廷一战，这些国家会站在自己一方，而不会支持阿根廷。根据上述判断，英军确定了"以军事手段为主、外交和经济手段为辅，以强大军事优势，迫使阿军从马岛撤兵，恢复马岛原有状态"的方针。

二是阿根廷方面。阿根廷通过对国内外形势的分析，在战略上作出判断：英国远离马岛，鞭长莫及，实施远洋作战可能性不大；美国等西方国家虽与英国有同盟关系，但也视自己为其在拉美地区的伙伴，不会偏向英国，而会持中立立场；夺占马岛有与殖民主义斗争的性质，会得到拉美地区国家及其他发展中国家的同情与支持；斗争涉及主权问题，将得到人民拥护，有利于增强民族凝聚力。根据上述判断，阿军决心实施代号为"罗萨里奥行动"的马岛登陆作战，以大陆为依托，利用地理位置的优势，乘英不备，夺占马岛，造成既成事实，迫使英国放弃对马岛的主权要求。

马岛战争历时74天，而实战时间仅一个半月，战争中英阿双方均损失惨重。这场战争大体可分为三个阶段。

第一阶段（4月2日—4月30日）：阿军占领马岛和南乔治亚岛，英军进行战略展开并夺占前进基地。

4月2日阿军第40特混舰队在马岛首府阿根廷港登陆，守岛英军120人短暂抵抗后投降；4月3日在南乔治亚岛首府格里特维肯港登陆，岛上22名英军投降。阿军收复马岛后，掌握战争主动权，紧急增兵和运送作战物资，同时，调整部署，加强岛上防御和对空防御。

为了扭转局势，摆脱被动，英国成立了战时内阁，并调集三军兵力，组建特混舰队，以重占马岛。4月12日，英军核动力潜艇进入战区，开始海上封锁。4月25日，英军攻占南乔治亚岛，夺占了前进基地。4月30日，英军开始对马岛周围200海里水域实施全面海空封锁，初步掌握了对马岛海域的制海空权。

第二阶段（5月1日—5月20日）：封锁与反封锁，空袭与反空袭，双方争夺交战区的制海空权。

在这一阶段英国主要采取以下作战行动，即将海空封锁扩大到离阿根廷大陆12海里以外地区；建立多层封锁线；完全切断索莱达岛与大马尔维纳斯岛的联系；空袭马岛的阿军机场、雷达站、防空导弹阵地，夺取局部制空权。英军通过一系列的海空封锁措施，逐步取得了战争主动权。阿根廷方面则实施反封锁、反空袭作战，利用空军力量打击英舰，达到以空制海的目的，同时以潜艇牵制英舰行动，利用英军封锁空隙，强行向马岛进行海空补给。由于军事力量悬殊，阿军没有能打破英军的海空封锁，逐渐陷入被动境地。这一阶段，交战双方都有较大损失。英军达成了封锁马岛的目的，守岛阿军后勤补给线被切断。

第三阶段（5月21日—6月14日）：英军重占马岛和南桑德韦奇群岛，阿军被迫投降。

这一阶段是马岛战争的决战阶段。英军在这一阶段的主要行动是实施岛屿登陆作战、岛上机动作战和对阿根廷港的围攻战，以及对阿进行反空袭作战。至6月1日，英军已完成对阿根廷港的陆上包围圈，与此同时，英军继续严密封锁马岛，切断马岛阿军的海空补给。在英军步步紧逼下，虽然阿军英勇作战，顽强抵抗，一次次击退了英军的进攻，但由于阿军指挥笨拙、孤岛作战、补给困难，在英军逐步缩小包围圈的情况下，阿军于6月14日下午被迫投降。

（三）主要启示

当代战争的巨大消耗和破坏力，使对抗双方不敢轻易发动战争，战争发起的动力体系变得愈加复杂，制约和平向战争转换的因素不断增多。一旦双方或一方的核心利益受到严重威胁，利益冲突不可调和时，和平向战争转换就有了现实条件。与和平向战争转换一样，战争向和平转换也是多种因素综合作用的结果，只有具备充分条件，才能实现转换。

1. 利益冲突主导和平向战争转换

英阿马岛战争与马岛重要的地缘政治价值和军事战略地位以及丰富的自然资源密切相关，也是在当时世界格局发生重大变化的国际背景下，新兴市场国家与守成大国之间的战略博弈，是英阿两国在马岛上利益冲突的集中爆发。正是两国在马岛上存在不同的战略考量导致利益冲突无法调和，从而导致了马岛争端由和平走向战争。

一是新兴市场国家对老牌强国的挑战。第二次世界大战后，英国等老牌发达国家一直走下坡路，而很多发展中国家却利用这段时期快速成长起来。随着实力差距的不断缩小，新兴市场国家对于提升自己在国际体系中地位的欲望愈加强烈，两者之间的关系变得紧张。阿根廷和英国之间就存在这样的逻辑，正如当时的阿根廷总统加尔铁里所说："在国际事务方面，阿根廷不应该甘于充当二流角色，而应占有主导地位。"于是马岛就成了双方博弈的战场，阿根廷需要一场战争来改变现有格局、提高国际地位。

二是重要的地缘政治和军事战略价值的考量。就马岛的地理位置而言，它位于南大西洋南端，距阿根廷南部最近处 500 多公里，距麦哲伦海峡东端入海口约 450 公里。马岛虽然自然条件恶劣，但它是扼南大西洋和南太平洋的航道要冲，战略位置十分重要，素有"南大西洋的门户"之称。在巴拿马运河凿通之前，通过麦哲伦海峡或绕行合恩角的船只必经马岛海域。在当时马岛被称为"打开太平洋的钥匙"。在军事上，1914 年巴拿马运河开通后，马岛仍是南大西洋的军事据点和南美大陆的海上前哨，也是到南极进行探险和科学考察的前进基地和物资中转站，是开发南极大陆的重要出发地。在两次世界大战期间，英国海军曾在此多次成功击溃途经马岛海域的德国舰船。就全球战略而言，南大西洋的战略地位仅次于北大西洋。如果爆发世界战争，一旦关闭巴拿马运河，马岛将是扼守两洋通道的重要基地，马岛的战略地位将更加突出。此外，马岛地缘政治价值还可以从其与南极大陆的毗邻关系体现出来。为了开发南极洲丰富的水产和矿产资源，马岛作为南极洲桥头堡的地位会更加重要。从马岛、南大西洋以及南极洲的地缘政治关系看，可以说，谁控制了马岛，谁就控制了南大西洋；谁控制了南大西洋，谁就控制了南极大陆。

三是丰富的自然资源价值的争夺。马岛不仅战略位置和军事价值极为重要，其资源也异常丰富。岛上的泥煤，是居民的主要燃料；富含铝、银、铁、铅等矿藏；牧草丰美，羊群遍地，主要生产羊毛、皮革、油脂等；周围海域盛产磷虾，渔业资源很可观。最为重要的是，马岛附近的大陆架蕴藏着丰富的石油和天然气资源，其储量远远超过英国的北海油田。这对于当时经济发展情况堪忧的阿根廷来说，无疑是一个巨大的吸引：不仅能带动国内经济发展，还能解决大量就业问题，帮助阿根廷赚取大量外汇。石油资源的发现，增强了马岛的战略重要性和开发的经济价值。

2. 积极运筹，创造和平向战争转换的条件

英国面对阿根廷的冒险军事行动，积极运筹，充分发挥自身优势，多措并举，迅速拟制了包括政治谴责、经济制裁、国内支持、军事打击、外交努力等在内的战略决策和具体举措，引导局势向着有利于自己的方向发展，在第一轮交锋中取得了胜利，这为英国后续的行动找到了合法的依据，从而为和平向战争转换创造了有利的国内和国际环境。

一是作出对阿根廷实行政治谴责和经济制裁的战略决定。战争爆发后，英国严厉谴责阿根廷政府置国际正义于不顾而悍然发动战争，并宣布断绝与阿根廷的外交关系，召回大使。同时决定对阿根廷实行经济制裁，包括冻结阿根廷在英的全部资产，禁止阿根廷拥有的黄金、证券和其他资金的外流，中止对阿根廷的新的信贷援助，从经济上打击阿根廷政府和人民。

二是争取全国上下一致而坚定的战争支持。1956年英国在苏伊士运河战争中遭到惨败以及随后在对外政策方面连连失分，导致英国自第二次世界大战以来国际地位和声望下滑到了最低点，大英帝国已经不可避免地衰败了。彼时阿根廷竟然敢于挑战大英帝国的权威，人民群情激愤，纷纷支持政府对阿根廷采取强硬措施，政府获得了自第二次世界大战以来少有的全部议员一致通过的投票。

三是制定使用武力收回马岛主权的明确战略目标。战争伊始，英国即成立了联合作战司令部，全面负责组织和实施收复马岛的军事行动。1982年4月5日，英国特遣舰队就已经从各港口出发。舰队在海上实行了近乎实战的三军协同演练，为形成合成战斗力打下了深厚基础，对士兵进行有针对性的登陆训练以熟悉战场环境，积极组织庞大的后勤补给舰队以保证战斗的顺利进行。由于战区距英国本土遥远，以撒切尔夫人为首的内阁决定在军事决策方面，内阁只负责大致方针的确定，不干预战区内的具体作战事宜，而将指挥权下放，这使得指挥官能依据瞬息万变的战场形势自主决定战略对策。

四是获取国际社会的声援和盟友的支持。当时国际间领土和主权争端的问题很多，许多国家都希望通过和平谈判的方式解决，而坚决反对诉诸武力。英国便利用此点宣称英国坚决反对阿根廷动用武力解决领土争端，表示愿意通过谈判解决双方的主权争端，从而获得了大多数国家的积极声援。英国还积极向联合国控诉阿根廷的武力政策，要求安理会出面制止阿根廷的极端行为。安理会很快通过了要求阿根廷撤军和英国谈判的一致决定，这使得阿根廷在国际上陷入了极端被动的境地。同时，英国向欧洲共同体和北大西洋公约组织求援，要求它们给予英国包括军事在内的各方面的支持。欧洲共同体各国很快就做出了对阿根廷实行经济制裁和军事禁运的决定。而作为主要盟友的美国，则为英国提供了包括军事基地、情报支援和各种作战物资需求保障在内的重要协助。①

---

① 王文峰：《马岛战争中英阿战略决策探析》，《重庆科技学院学报（社会科学版）》2010年第22期。

3. 正确决策，果断实施和平向战争转换

英国在马岛战争中能够取得最后的胜利，离不开对局势的正确判断和对行动的迅速决策，在创造和平向战争转换的有利条件下，果断实施转换，从而抢占战争先机。

阿根廷占领马岛后，英国迅速作出了正确、果断的战略反应和决策。首相撒切尔夫人当晚就召开内阁紧急会议，次日即成立战时内阁，3 天后对政府进行了部分改组，使国家迅速由和平时期的领导体制转入适应局部战争要求的战时指挥体制。同时，对客观形势迅速作了比较清醒的估计和果断的决策，定下以武力解决马岛危机的决心；并提出了尽量减少伤亡、把战争行动控制在争议地区、不进攻阿根廷本土等较为有理、有利、有节的方针原则；还积极开展政治、经济、外交等方面的斗争，争取欧洲共同体和美国等盟友的支持，以增强自己的力量，同时动摇阿方的战争意志和决心。在英国积极、快速的外交努力下，战争爆发后的第 5 天，欧洲共同体即对阿根廷实施了武器禁运；美国在调停失败之后，也站到英国一边。从而，在战争力量的综合对比上，英国很快占了上风。[①]

相反，阿方战略判断发生偏差，没有清醒地认识到英、美两国的战争立场。战前，阿方从与英国的长期谈判中感觉其强硬态度正在逐渐缓和。加之撒切尔夫人上台后压缩海军建设，减少马岛防务力量，这些举动使阿根廷政府主观地认为英国政府似乎随时准备做出让步，却没有仔细分析英国历届政府在马岛问题上的根本立场，即和平谈判，有条件地、逐步地解决马岛争端，坚决反对任何通过武力方式来解决马岛的问题。同

---

① 王增铨：《英阿马岛战争双方战略得失剖析》，《军事历史》1989 年第 1 期。

时，阿方对美国立场的判断也出现了失误。美国为了对抗苏联在中南美洲的影响，一直积极发展与拉美大国阿根廷的友好合作关系。20世纪80年代，阿根廷是美国在拉美地区的主要贸易伙伴之一。美国还在武器装备、人员培训、军事合作等领域提供给阿根廷大量的帮助和支持。阿根廷也竭力讨好美国，给予美国经济、军事、外交方面的支持和优惠。因此，阿根廷政府自信地认为"美国将以不偏不倚的中立态度行事"。这种盲目乐观情绪遮掩了对于英美特殊关系的深层思考和清醒认识，使得阿方在战争爆发以后陷入异常被动的局面。

4. 外部力量影响战争向和平转换

马岛主权问题本质上是一个殖民主义时期遗留下来的历史问题，联合国、地区组织和世界绝大多数国家强烈谴责战争行为，表达了维护南大西洋和平的强烈愿望，纷纷呼吁英阿两国采取克制态度，寻求和平解决争端的途径。在一定程度上，外部力量主导着马岛局势的发展，并影响着马岛局势由战争走向和平。

一是联合国和地区组织强烈要求双方停战。1982年4月3日，联合国安理会通过502号决议，要求双方停止敌对行动，举行和平谈判。不久，第37届联合国大会通过20多个拉美国家提出的关于解决马岛问题的决议，要求英阿双方在南大西洋停止敌对行动，并重申在国际关系问题上不使用或威胁使用武力以及和平解决国际争端的原则，同时决定把马岛问题列入第38届联合国大会的议程。阿根廷总统、外交部部长多次就马岛问题与联合国秘书长举行会晤，推动南美洲国家联盟、拉美和加勒比国家共同体等地区组织致函联合国秘书长，敦促其斡旋以寻求协商解决方案，呼吁联合国在马岛问题上发挥更大作用。此外，七十七国集团、美洲国家组织、南美洲国家联盟、南方共同市场、拉美和加勒比国家共同体等国际和地区组织均出台决议要求英国尽快就此与阿根廷重启谈判。

二是各国政府纷纷呼吁双方和平解决争端。在英阿马岛争端中，国际社会纷纷表达了英阿两国应采取克制态度，寻求和平解决争端途径的呼声，阿根廷在战争后期得到了世界上众多国家的同情和支持，只有少数国家站在英国一方。其中，西欧国家支持英国，谴责阿根廷；美国作为英、阿两国盟友进行调解，从偏袒英国到公开支持英国，对阿根廷进行制裁。西班牙、巴西、墨西哥、委内瑞拉、秘鲁、厄瓜多尔、哥斯达黎加等绝大多数拉美国家支持阿根廷对马岛的主权要求，谴责英军空袭阿根廷港及击沉阿根廷巡洋舰的举动，希望双方尊重联合国决议和平解决马岛争端。苏联、古巴及东欧国家从谨慎表态到公开支持阿根廷，勃列日涅夫公开表示英国在马岛危机中使用武力的做法带有"对殖民地掠夺"性质，是一种侵略行为。国际社会呼吁和平的力量推动着英阿两国停止军事行动，重回谈判桌前。

5. 战争难以为继导致战争向和平转换

战争中，如果双方势均力敌，战争陷入难以为继的境地，久拖不决致使双方陷入僵持，将最终导致双方不得不结束战争，实现战争向和平的转换。

历时 74 天的战争中，据不完全统计，阿军阵亡 1000 多人，伤 1300 多人，被俘 11800 多人，被击沉舰艇 5 艘，损失飞机 117 架，造成的损失达 30 多亿美元。除了人员伤亡和经济损失，战争还对阿根廷社会造成了无法估量的负面影响。马岛的陷落和巨大的战争损耗使阿根廷糟糕的国内局势雪上加霜，导致矛盾激化，最后加尔铁里总统辞职，整个政府倒台。再加上英国的武装封锁以及阿方军队由于武器禁运无法得到恢复和补充，阿方根本无力将战争继续下去。尽管如此，对阿根廷来说，虽然军事上暂时失利，英国凭借武力重占了马岛，但这丝毫不影响阿根廷当局和人民收复马岛主权的决心。收复马岛在阿根廷国内被认为是全民族的事业，从总统到军界要人、政府部长，没有一个不坚定表示要为收复马岛而战斗的，这是阿根廷及其人民已经坚持了长达一个半世纪而不可放弃的目标。

英国方面，在战争中战死255人，伤777人，被俘210多人，被击沉舰艇6艘，击伤10艘，损失飞机34架，战争损耗约12亿美元。战争给英国带来了巨大的损失，英军虽然重新占领了马岛，但并没有让马岛主权争端得到彻底解决，一连串的问题摆在英国政府面前，英国陷入进退维谷的尴尬境地。首先，在军事上，英国必须在马岛及其附属岛屿驻扎一支相当数量的部队，这不仅影响其本土的防务，也会削弱北约的力量。英国一度要求美国参加驻马岛的"维和部队"，这更是国际大气候和美英国内小气候所不允许的。况且，马岛居民也不希望一支拥有众多士兵的军队长期驻扎在那里干扰他们和平、宁静的生活。在马岛战争停火不久，阿根廷港居民就提出要英国军队撤走的要求。其次，在经济上，英国当局不得不每年支付一笔数额不小的防务费用，供岛上守备部队开支，同时还要维持岛上居民生活与生产。最后，在外交上，战争后期英国的立场不仅遭到拉丁美洲和其他第三世界国家的反对、谴责，就连它的盟友美国和西欧一些国家也不敢公开表示赞同。战争结束不久，西欧、北美国家都急于采取各种补救措施，力图重新与拉美国家修好，以恢复它们同拉美国家的传统关系。不仅如此，这些国家还为推动英阿谈判而向英国政府施加压力。美洲国家组织义正词严地谴责英国的行为是"非正义的,以强凌弱的进攻"。马岛战争的巨大消耗及破坏给英阿双方带来了巨大的损失,英国对马岛的军事占领并不能彻底解决马岛的主权争端,战争陷入难以为继的境地。为了避免继续无谓的牺牲,双方不得不相互妥协,寻求通过和平谈判的方式解决争端,最终从根本上导致了战争的彻底结束并实现了战争向和平的转换。

6. 多手并用,积极推动战争向和平转换

马岛战争前后历时 74 天,英国重新夺回了马岛的控制权,但阿军的投降并不是马岛争端的终结,消除这一冲突的根本方法是政治解决马岛问题,双方为达成临时停战协议,需要对话与合作并就相关问题进行一系列的谈判。阿军虽然战败,但以加尔铁里为首的阿根廷军政府对英国方面完全不示弱,并表示阿根廷的军事力量仍可以与英国一战,这加大了和平谈判政治解决争端的难度。面对态度强硬的阿根廷军政府,为迫使其宣布彻底结束在马岛地区的敌对状态,以政治解决后续问题,英国多手并用,打出了一套政治、外交和军事的组合拳,积极地推动了战争向和平的转换。

一是政治上,英国借机煽动阿根廷国内不满情绪。阿根廷在战争后期渐显颓势,左派势力日盛,加尔铁里政府面临着重大危机。英国借机煽动阿根廷国内对政府的不满情绪,导致阿根廷国内政治气候突变,政权更迭,义人政府取代了原来的军政府,并逐步解除了之前军政府的禁令。阿方新上台的总统阿方辛表示,愿意早日使国家摆脱困境,在马岛问题上使用一切和平外交手段尽快解决与英国之间的冲突。

二是军事上,英国继续对阿根廷实行武装封锁。虽然英国

宣称解除对阿根廷沿海的武装封锁，但同时要求阿根廷海军舰船和民用船只不得进入马岛附近海域。长期的军事封锁对阿根廷的国家安全和战后建设都是一个巨大的威胁。

　　三是外交上，英国不断对阿根廷施压。英国与美国、欧洲盟友展开协商，获得了同盟国家的支持，共同实施对阿根廷的武器禁运。在战争中损失惨重的阿根廷军队则因为武器禁运无法得到补充和恢复，基本上失去了与英国远征军对抗的能力。至此，马岛战争后续的谈判以及政治解决马岛争端出现了转机。英国成功地利用政治、军事、外交手段，为马岛战争最终走向和平创造了有利条件。

参考文献

1. 中国人民解放军总政治部．习近平关于国防和军队建设重要论述选编［M］．北京：解放军出版社，2014．

2. 中央军委政治工作部．习近平论强军兴军［M］．北京：解放军出版社，2017．

3. 习近平．习近平谈治国理政［M］．北京：外文出版社，2014．

4. 习近平．决胜全面建成小康社会夺取新时代中国特色社会主义伟大胜利［M］．北京：人民出版社，2017．

5. 列宁．列宁全集［M］．第26卷．北京：人民出版社，1988．

6. 毛泽东．建国以来毛泽东军事文稿［M］．北京：军事科学出版社，2010．

7. 毛泽东．毛泽东选集［M］．第2卷．北京：人民出版社，1991．

8. 肖天亮．战略学［M］．北京：国防大学出版社，2015．

9. 中国军事百科全书编审委员会. 中国军事百科全书：战略［M］. 北京：中国大百科全书出版社，2014.

10. 左双文. 20世纪的战争与和平［M］. 长春：长春出版社，2013.

11. 李际均. 新版军事战略思维［M］. 北京：长征出版社，2012.

12. 阎学通等. 构建天下有治的国际体系［M］. 北京：社会科学文献出版社，2012.

13. 军事科学院战略研究部. 马克思主义战争观和当代战争［M］. 北京：军事科学出版社，2007.

14. 陈贻来. 陆军维护社会稳定行动研究［M］. 北京：军事科学出版社，2008.

15. 刘成. 和平学［M］. 南京：南京出版社，2006.

16. 展学习. 伊拉克战争［M］. 北京：人民出版社，2004.

17. 马德宝. 现代战争与和平基本问题研究［M］. 北京：国防大学出版社，2002.

18. 朱梅生. 军事思想概论［M］. 北京：国防大学出版社，2000.

19. 梁必骎. 军事哲学［M］. 北京：军事科学出版社，1995.

20. ［美］理查德内德·勒博. 和平与战争之间：国际危机的性质［M］. 赵景芳，译. 北京：北京大学出版社，2018.

21. ［美］查尔斯·库普乾. 化敌为友：持久和平之道［M］. 宋伟等，译. 北京：国防大学出版社，2017.

22. ［美］约翰·米勒. 残留的战争［M］. 王俊生，文雅，译．北京：中国人民大学出版社，2011．

23．［德］克劳塞维茨．战争论［M］．中国人民解放军军事科学院，译．北京：解放军出版社，2005．

24．［美］阿尔文·托夫勒．海迪·托夫勒．未来的战争［M］．阿笛，马秀芳，译．北京：新华出版社，1996．

25．仇朝兵．美国与伊拉克和日本的战后重建：政策、进程与问题［J］．美国研究，2016（1）．

26．刘月琴．伊拉克战后重建及问题［J］．西亚非洲，2004（1）．

27．田金宗．冷战与内战——美国对安哥拉内战的介入［J］．历史教学问题，2014（4）．

28．王文峰．马岛战争中英阿战略决策探析［J］．重庆科技学院学报（社会科学版），2010（22）．

29．王增铨．英阿马岛战争双方战略得失剖析［J］．军事历史，1989（1）．

后　　记

自战争产生以来，人们就开始探寻避免战争、遏止战争、追求和平之道，千百年来的理论研究和实践创新成果，为人类社会的发展作出了巨大贡献。如何继承和发扬这些优秀成果，探索未来世界"遏止战争、维护和平、共同发展"之道，已成为我们必须面对和担负的历史责任。特别是在新时代中华民族实现和平崛起的伟大征程中，如何深入探讨新时代发展特点、战争与和平关系的发展规律，进一步搞好战争与和平转换问题的系统性创新研究，具有重大的理论价值和实践意义。

近几年来，在国防大学和国际防务学院各级首长机关的指导下，我们对战争与和平转换问题进行了深入的学习研究，取得了一些粗浅的体会，这就是《战争与和平转换概论》。由于战争、和平及其转换问题的复杂性，本书中许多理论观点还不成熟，有待进一步研究。一是战争与和平定位问题，从不同角度对战争与和平的定位是完全不同的，如从时间、空间、技术和性质等不同视角可将战争与和平定位为完全不同的类型。二是转换过程问题，战争与和平转换过程比较复杂，不同过程的转换要求、程序方法等区别较大。三是如何深入理解"反对战争，拥护和平"，"和平需要多种手段包括战争来实现"等问题。衷心希望读者也能参与这些问题的深入讨论与研究。

在本书的编写过程中，我们也进一步提升了对战争与和平转换问题的认识理解，形成了几点共识，以此作为本书的写作结论。一是全球价值呵护和平，价值分裂制造战争。纵观世界历史，从根本上说，只要存在霸权主义、强权政治和新干涉主义，战争危险就会存在；而只要反对战争的力量足够强大，战争也是可以避免的。从一个国家看，人民紧密团结起来，国家和民族就不可侮；从世界范围看，正义力量联合起来，再强大的侵略者也必然走向失败，正义必胜！和平必胜！人民必胜！这是对共筑人类命运共同体的郑重召唤，也是对珍视和平、捍卫和平的热切期待。只有全世界携起手来爱好和平、追求和平、呵护和平，秉持持久和平、普遍安全、共同繁荣的全球价值，坚持共同、综合、合作、可持续的新安全观，推动构建人类命运共同体，建设普遍安全的世界，才能遏制战争、实现人类长久和平。二是多边互利构建和平，单边独利损害和平。战争是一面镜子，能够让人更好认识和平的珍贵，也逐渐让人们认清，多边互利有利于维护和平，单边独利必然损害和平。当今的国际体系正在经历前所未有的危机。在世界经济增长动能不足，发展鸿沟日益突出，冷战思维、单边主义阴霾不散的背景下，各国亟须携起手来，共同探寻更加公平和有效、顺应历史发展潮流的全球治理方案。透过百年未有之大变局，人们日益强烈地认识到，只有汇聚捍卫多边主义的力量，开展互利共赢的国际合作，构建和平的环境，人类才能开辟共同发展的前景，拥抱共同繁荣的未来。三是国际秩序构建和平，安全失序导致战争。当前，全球化进程深入推进，即使在地缘上最为封闭的国家，也不得不面临全球化浪潮的影响。因此，任何国家都不能从当前的国际秩序体系中独善其身，也不能凭一己之力独掌世界发展大势，所有国家早已成为了休戚与共的命运共同体。值得警惕的是，当今世界的逆全球化、贸易保护主义、集团对立思维沉渣泛起，加剧了世界局势的紧张，造成了部分国家的政治衰败，也对当前和未来的国际秩序构成了严峻的挑战，建立公正合理的国际政治经济新秩序是世界人民面临的重大任务。和平与发展仍是当今世界两大主题，多边主义日益成为国际社会的广泛共识，各国应携手应对挑战，共同构建更加合理、公平公正、稳定有效的国际秩序。

  本书的编写分工是：国防大学国际防务学院徐国平教授担任主编，并负责全书统稿及导论、第一章和后记的编写，周强副教授负责第二章的编写，徐帅副教授负责第三章的编写，李太宇副教授负责第四章的编写，王宏德教授负责第五章的编写，柴建中教授负责第六章的编写，郭成立副教授负责附件部分的编写。全书编写得到军事科学院张树德研究员、马德宝研究员，国防大学安全学院舒健教授，联合作战学院侯晓蒙教授，陆军装甲兵工程学院庞仕用高级工程师，清华大学郭新宁教授等军地专家教授的大力支持和帮助，在此一并表示感谢！需要说明的是，由于编写者水平有限，加上有关战争与和平转换问题的资料欠缺，本书定有不少不妥之处，敬请读者批评指正！

本书编写组
二〇二二年十二月